Max Lucado

Denn Gott ist mit dir

Über den Autor

Max Lucado war langjähriger Pastor der *Oak Hills Church* in San Antonio, Texas. Er ist verheiratet, Vater von drei Töchtern und Verfasser vieler Bücher. Die Zeitschrift *Christianity Today* zählt ihn zu den bekanntesten christlichen Autoren Amerikas.

Zu seinen Bestsellern gehören u. a. „Leben ohne Angst", „Du schaffst das", „Leichter durchs Leben" und „Wie man Riesen besiegt".

MAX LUCADO

Denn Gott ist mit dir

Warum du dem vertrauen kannst, der heute noch Wunder vollbringt

Aus dem Englischen von Martina Merckel-Braun

GerthMedien

Inhalt

*Mit besonderer Wertschätzung für die Pastoren,
die durch ihren Mut und Glauben eine immerwährende
Inspiration für unsere Gemeinde sind:
Travis und Alisha Eades, Brian und Janet Carruth,
Miguel und Haydee Feria, Mario und Christina Gallegos,
Sam und Ann Gonzalez, Jimmy und Annette Pruitt,
Rich und Linda Ronald.*

Kapitel 1

Wir können nicht, aber Gott schon

„Ich bin ganz allein und völlig am Ende."

Wir hatten uns bereits eine gute Stunde unterhalten, als diese Worte aus ihrem Mund kamen. Wir saßen im Wartezimmer eines Krankenhauses und hatten zusammen einen Kaffee getrunken – sie ihren mit Süßstoff, ich meinen mit Kaffeeweißer. Die Frau war klein. Ungeschminkt, strubbeliges Haar. Ihr T-Shirt hing unförmig an ihr herab, zerknittert. Ich fragte mich, ob sie wohl darin geschlafen hatte. Sie rührte und rührte mit dem kleinen Plastikstäbchen im Becher, bis ihr Getränk sich in einen Strudel verwandelte, der widerspiegelte, was sie empfand – eine Endlosspirale absoluter, verzweifelter Hilflosigkeit.

Ihr siebzehnjähriger Sohn lag auf der Intensivstation, zwei Türen und 45 Meter von uns entfernt. Er kämpfte bereits seit einem Jahr mit einer Opioidabhängigkeit, vielleicht sogar schon länger. Aufgrund eines Autounfalls war er nun im Krankenhaus gelandet. Nach vier Tagen unfreiwilligen Entzugs sehnte er sich verzweifelt nach den Tabletten, die ihm die Ärzte jedoch verweigerten. Sie hatten ihn sogar mit Gurten am Bett fixiert.

Seine Mutter brauchte fast eine Stunde, um mir zu berichten, was ich hier in einem Absatz beschrieben habe. Während sie die Geschichte erzählte, schluchzte und seufzte sie immer wieder tief. Als sie von ihrem Ex-Mann berichtete, der fast ein Jahr lang weder für sie noch für den Jungen da gewesen war, wurde sie von Wut gepackt. Ein Vater, der wochenlang nichts von sich hören ließ. Der immer neue Ausreden parat hatte. Was sollte die Mutter da anderes denken als: *Ich bin ganz allein und völlig am Ende.*

Sie umklammerte den Styroporbecher so fest, dass ich dachte, er würde zerbrechen.

Kennen Sie dieses Gefühl? Kommt Ihnen diese Abwärtsspirale bekannt vor? Geht es Ihnen vielleicht ähnlich: Sind Sie überzeugt davon, dass Ihre Probleme niemanden interessieren, dass Ihnen niemand helfen kann, dass keiner Ihnen Beachtung schenkt und niemand Ihren Hilferuf hört?

Wenn Sie dieses Gefühl kennen, dann sind Sie nicht allein. Ich meine damit *nicht*, dass Sie mit diesem Gefühl nicht allein dastehen, weil andere dieses Gefühl auch kennen. Ich meine: Sie sind nicht allein. Punkt. Dieses finstere, brutale Gefühl von Isolation und Ohnmacht? Es hat keine bleibende Macht über Sie. Wenn Sie auch gerade denken, Sie seien allein und ziemlich am Ende, möchte ich Ihnen ein paar Geschichten erzählen, über die Sie unbedingt nachdenken sollten.

Nun, eigentlich ist es der Apostel Johannes, der diese Geschichten erzählt hat, die ich Ihnen ans Herz legen möchte. Er webte mit seinen Berichten einen Teppich voller Wunder. „Diese aber wurden aufgeschrieben, damit ihr glaubt, dass Jesus der Christus ist, der Sohn Gottes, und damit ihr durch den Glauben an ihn in seinem Namen das ewige Leben habt“ (Johannes 20,31).

Ein Glaube, der Leben schenkt! Genau darüber möchte Johannes schreiben. Starker, widerstandsfähiger, unerschütterlicher

Glaube. Das wahre Leben beginnt, wenn wir glauben. Wir bekommen eine Kraft, die unsere eigene bei Weitem übertrifft. Wir bewältigen Aufgaben, die wir mit unseren menschlichen Fähigkeiten nie bewältigt hätten. Wir finden Lösungen, auf die wir von selbst nie gekommen wären.

Glaube bedeutet nicht, dass wir einem göttlichen Wesen Respekt entgegenbringen. Glaube ist die Entscheidung, sich völlig auf die Kraft eines lebendigen und liebevollen Retters zu verlassen. In dem Maße, in dem wir das tun, werden wir „in seinem Namen [...] Leben" haben. Darin liegt der Sinn von Wundern. Johannes berichtete von Zeichen, die allesamt darauf abzielen, Glauben an ein Versprechen zu wecken: Sie und ich, wir sind niemals allein. War das nicht eines der letzten Versprechen, die Jesus seinen Jüngern gegeben hat? Bevor er in den Himmel aufstieg, versicherte er seinen Freunden: „Ich bin immer bei euch bis ans Ende der Zeit" (Matthäus 28,20).

Diese Worte müssen Johannes sehr viel bedeutet haben.

Stellen Sie sich den gealterten Apostel vor, wie er diese Geschichten erzählt. Er ist ein alter Mann. Seine Haare sind silbergrau und seine Haut ist faltig geworden. Aber sein Blick ist voller Hoffnung und sein Lachen erfüllt einen ganzen Raum. Er ist Pastor einer kleinen Gemeinde von Gläubigen in Ephesus. Er liebt es, von früher zu erzählen, und die anderen lieben es zu hören, wie er vor etwa sechs Jahrzehnten und mehr als 1500 Kilometer von diesem Ort entfernt von Jesus aufgefordert wurde, sein Fischernetz niederzulegen und ihm nachzufolgen. Und genau das hatte Johannes getan.

Auch Petrus, Andreas und Jakobus hatten es getan. Allerdings sind sie bereits tot. Sie haben ihren Auftrag schon lange erfüllt und ihr Leben gelebt. Nur Johannes ist noch übrig.

Und Johannes, wohl wissend, dass seine Zeit sich dem Ende

zuneigt, übernimmt eine letzte Aufgabe. Das Markusevangelium ist bereits im Umlauf. Auch Matthäus und Lukas haben ihre Erzählungen über das Leben von Jesus zusammengestellt. Johannes möchte das Gleiche tun. Aber sein Evangelium soll anders werden. Er will die Geschichten erzählen, die die anderen nicht erzählt haben. Sein Evangelium soll eine Auswahl von Geschichten enthalten, die besonders „zeichenhaft“ sind.

Er nimmt uns mit zur Weinprobe nach Kana. In Kapernaum dürfen wir miterleben, wie ein Vater seinen Sohn umarmt, von dem er gedacht hat, er müsse sterben. Er lässt uns die Heftigkeit eines wütenden Sturms in Galiläa spüren und das Murmeln einer hungrigen Menschenmenge an einem Berghang hören. Wir erleben mit, wie ein Lahmer aufsteht und ein Blinder die Augen öffnet. Bevor Johannes seinen Bericht beendet hat, führt er uns noch über zwei Friedhöfe und zu einem Kreuz. Wir lauschen einer Unterhaltung am Frühstückstisch, die das Leben eines der Apostel veränderte. Die von Johannes ausgewählten Wunder reichen von einer Hochzeit bis zu einer grausamen Hinrichtung, von leeren Mägen zu geplatzten Träumen, von enttäuschter Hoffnung zu begrabenen Freunden. Wir werden uns bemühen, die Zeichen so zu betrachten, wie es wahrscheinlich Johannes' Absicht entsprach. Nicht als Einträge in einem Geschichtsbuch, sondern als Szenen aus Gottes Drehbuch.

All diese Ereignisse rufen Sie mit einer Stimme dazu auf, Ihre Augen und Ihr Herz zu öffnen für die Möglichkeit – ja, für die *Tatsache* –, dass die größte Macht des Universums es gut mit Ihnen meint und Ihnen Hoffnung schenken will.

Johannes hat sie nicht etwa deshalb dokumentiert, um uns zu beeindrucken, sondern damit wir daran glauben, dass Jesus Christus immer für uns da ist, uns seine Liebe schenken will und uns mit seiner Macht zur Seite steht. Seine Auflistung von Wundern ruft es in die Welt hinaus: Gott hat alles im Griff! Sie denken, Sie seien ganz allein und am Ende? Das ist nicht wahr. Gott kann Sie über alle Herausforderungen hinwegtragen.

Sie sind stärker, als Sie glauben, denn Gott ist näher, als Sie denken.

Jesus heilte Wunden. Er sprach Worte, die Hoffnung spendeten. Lebensgeschichten bekamen eine neue Richtung. Menschen wurden gesegnet. Seine Wunder verbreiteten eine Botschaft: „Ich bin hier. Ich kümmere mich um euch."

Wäre es Jesus darum gegangen, seine Göttlichkeit unter Beweis zu stellen, hätte er einen Schwarm Vögel aus dem Nichts erscheinen oder Bäume sich entwurzeln und verschwinden lassen können. Er hätte Bäche in Wasserfälle verwandeln können oder Steine in Hummeln. Solche Taten hätten seine Macht bewiesen. Aber Jesus wollte, dass wir mehr sehen. Er wollte uns zeigen, dass es einen Gott gibt, der Wunder vollbringt, der uns liebt, sich um uns kümmert und uns zu Hilfe kommt.

Brauchen wir diese Botschaft auch heute noch?

Dieses Buch ist ein Produkt der Quarantäne. Ich habe es während der Coronazeit beendet. Als ich vor ein paar Monaten mit dem Schreiben begann, war Covid-19 den meisten noch unbekannt. Begriffe wie „Kontaktbeschränkungen" und „Lockdown" konnte man in Fachbüchern finden, aber nicht in der Alltagssprache. Aber seither hat sich das völlig geändert. Während ich diese Kapitel schreibe, sitzen Millionen von Menschen in Apartments, Wohnungen, Häusern und Hütten fest.

Diese Krise hat eine ohnehin schon grassierende Epidemie von Isolation und Depression noch verschlimmert. Eine Studie hat ergeben, dass Einsamkeit ebenso gesundheitsschädlich ist wie das Rauchen von fünfzehn Zigaretten am Tag. Sie kann zu Demenz oder Alzheimer führen und ebenso zu Herzerkrankungen, einem geschwächten Immunsystem und einer geringeren Lebenserwartung.[1]

Die Leitung eines der größten Krankenhäuser in den USA nennt Einsamkeit als einen Hauptgrund für überfüllte Notaufnahmen. Das *Parkland Hospital* in Dallas, Texas, machte diese verblüffende Entdeckung, als die Verantwortlichen Untersuchungen anstellten, wie sie das Gesundheitssystem entlasten könnten. Sie analysierten Daten und erstellten eine Liste mit Notfallpatienten, die in der Vergangenheit wiederholt aufgenommen worden waren. Die Untersuchung ergab, dass 80 Patienten innerhalb von zwölf Monaten zusammen 5139-mal eine der vier Notaufnahmen aufgesucht hatten. Die Kosten lagen bei 14 Millionen Dollar.

Nachdem sie die Namen dieser „Wiederholungstäter" identifiziert hatten, sandten sie Teams zu ihnen, um den Gründen für die wiederholten Notfälle auf die Spur zu kommen. Ihr Fazit? Einsamkeit. Ja, Armut und Lebensmittelknappheit waren Zusatzfaktoren, aber der Beweggrund Nummer 1 war die Vereinsamung. In der Notaufnahme genossen sie Aufmerksamkeit, Freundlichkeit und Fürsorge. Daher die wiederholten Besuche. Sie wollten sich vergewissern, dass sich jemand für sie interessiert.[2]

Wünschen wir uns das nicht alle? Der Apostel Johannes wollte, dass wir wissen, *dass* sich jemand für uns interessiert. Er wollte, dass wir daran glauben, damit wir Gott unsere Not anvertrauen und uns auf seine Kraft verlassen.

Interessiert es Gott, wenn ich das Gefühl habe, mein Leben sei leer?

Hilft er mir, wenn ich mich von einer Situation überfordert fühle?

Bemerkt er, wenn ein Sturm tobt und ich kein Land mehr sehe?

Steht er mir zur Seite, wenn ich Todesangst habe?

Die Antwort, die uns die Leben spendenden Wunder im Johannesevangelium immer wieder liefern, ist ein lautstarkes Ja. Kennen Sie diese Wunder? Glauben Sie an einen Jesus, der nicht nur mächtig ist, sondern die Schwachen und Verletzten dieser Welt auch leidenschaftlich liebt? Glauben Sie, dass Sie ihm so wichtig sind, dass er in den einsamen Wartezimmern, in den Reha-Kliniken und Pflegeanstalten des Lebens an Ihrer Seite ist?

Vor Kurzem war ich mit zwei meiner liebsten Gefährten spazieren: mit meiner dreieinhalb Jahre alten Enkelin Rosie und meinem treuen Hund Andy.

Andy erforscht gern ein trockenes Flussbett in der Nähe unseres Hauses. Und Rosie liebt es, ihm zu folgen. Sie denkt, sie könne überallhin, wo auch er hingeht. Und wenn ich ihr meine Hilfe anbiete, verscheucht sie mich. Sie hat ihren eigenen Kopf, die Kleine, ganz wie ihre Großmutter. Also übernahm Andy die Führung, Rosie rannte hinter ihm her, und ich versuchte mitzuhalten. Andy stöberte ein Tier im Dickicht auf und sauste hinein. Rosie dachte, sie könne es ihm gleichtun. Andy rannte hindurch, aber Rosie blieb stecken. Die Äste zerkratzten ihre Haut und sie brach in Tränen aus.

„Opa Max! Hilfst du mir?“

Und was tat ich? Ich tat, was auch Sie tun würden. Ich begab mich in das Dickicht und streckte meine Hände aus. Sie hob ihre Arme und ließ sich von mir herausheben.

Gott wird das Gleiche auch für Sie tun. Sie sind niemals allein, nie ohne Hilfe, nie ohne Hoffnung.

Sie und ich, wir sehnen uns nach jemandem, der uns in den Schwierigkeiten des Lebens begegnet. Wir sehnen uns danach, an einen lebendigen, liebevollen, Wunder wirkenden Gott zu glauben, der nicht zögert, in das dornige Dickicht unserer Welt zu steigen und uns herauszuholen.

Wenn das Ihr Wunsch ist, dann öffnen Sie Ihr Herz für die Worte von Johannes und die Wunder von Jesus. Wer weiß, vielleicht passiert dann genau das, was Johannes beabsichtigt hat: „... damit ihr glaubt, dass Jesus der Christus ist, der Sohn Gottes, und damit ihr durch den Glauben an ihn in seinem Namen das ewige Leben habt“ (Johannes 20,31).

Kapitel 2

Gott wird zurückgeben, was das Leben genommen hat

Er sah nicht gerade allwissend aus. Er wirkte mit seiner Hornbrille, seinem grauen Anzug und dem Stapel Dokumente jedoch ausgesprochen intelligent. Er war clever, gut vorbereitet und in Bezug auf Statistiken so versiert, wie er das in seinem Beruf eben sein musste. Wirkte er jenseitig und prophetisch? Göttlich? Hellsichtig? Sosehr ich mich auch anstrengte, ich konnte keinen Heiligenschein entdecken. Von Engeln wurde er ebenfalls nicht begleitet. Sein Gesicht leuchtete, aber das lag wohl eher an der Nachmittagssonne, die durch das Fenster seines Büros fiel.

„Lassen Sie uns mal schauen", begann er, während er einen Ordner mit Diagrammen und Berichten durchblätterte. „Sie beide werden leben bis ..." Er sah auf und meinte: „Falls Sie selbst nachsehen möchten, ich bin auf Seite 7." Er wartete, während wir nachlasen.

Ich konnte spüren, wie meine Handflächen langsam feucht wurden. Denalyns Augen waren geweitet. Uns waren schon früher Daten genannt worden: die Entbindungstermine unserer Töchter, die Termine der College-Abschlussprüfungen, Hochzeitstermine.

Aber ein Sterbedatum? Das gab dem Begriff Deadline* eine ganz neue Bedeutung. Wollten wir wirklich wissen, was er herausgefunden hatte?

Er verdiente sein tägliches Brot damit, anderen Lebensversicherungen zu verkaufen. Am Telefon hatte er mir gesagt: „Ich möchte sicherstellen, dass Sie alles haben, was Sie brauchen."

Zu diesem Zweck brauchte er zwei Informationen: die Höhe der Beiträge, die wir bereit waren zu zahlen, und die Anzahl der Jahre, die wir noch leben würden. Ich konnte ihm die erste Information liefern. Er sagte, er könne die zweite bestimmen. Und jetzt wollte er sie uns mitteilen. „Was, wenn das von ihm errechnete Datum schon diese Woche ist?", fragte ich Denalyn. „Sollte ich dann lieber einen Gastprediger für den nächsten Gottesdienst bestellen?" Sie lächelte nicht. Er auch nicht.

Er sprach mit der Lässigkeit eines Hotelrezeptionisten, der Reservierungsdaten überprüft. „Mrs Lucado, Sie werden bis zum Jahr 2044 bei uns sein. Und Sie, Mr Lucado, werden uns im Jahr 2038 verlassen."

Ja, da war es. Zumindest wussten wir es jetzt. Ich kann Ihnen nicht viel von dem berichten, was er sonst noch zu sagen hatte. Ich war zu fasziniert davon, endlich das Datum zu kennen, das auf meinem Grabstein stehen würde. Ich kannte die erste Zahl: 1955. Ich kannte das nächste Zeichen: einen 2,5 cm langen Bindestrich. (Aus Neugier habe ich das einmal an einem Grabstein nachgemessen.) Jetzt kannte ich auch die zweite Zahl: 2038.

Dieses Gespräch fand 2018 statt. Ich musste ganz schön schlucken, als ich hörte, dass mir nur noch 20 Jahre blieben. Ich hatte schon drei Viertel des Weges geschafft und würde bald den

---

* Der Autor benutzt hier ein Wortspiel: *Deadline*, der englische Begriff für *Termin/ Frist*, beinhaltet das Adjektiv *dead:* tot (Anmerkung der Übersetzerin).

Jordan überqueren. Ausgerüstet mit diesem neuen Datum, konnte ich es kaum erwarten, meine verbleibenden Ressourcen zu berechnen:

- 168 192 000 Atemzüge (das klingt nach viel, aber ich habe ganze 2000 verbraucht, um den ersten Entwurf dieses Kapitels zu schreiben).
- 108 000 Golfschläge (bei mir entspricht das etwa zehn Runden).
- 7300 Nächte in einem Bett mit einer schlafenden Schönheit namens Denalyn an meiner Seite (das sind viel mehr, als ich verdiene, aber viel weniger, als ich mir wünschen würde).

Meine Liste enthielt auch die verbleibenden Präsidentschaftswahlen, Superbowls, Sonnenuntergänge im Sommer und Blütezeiten der blauen Wiesenlupine.

Diese Aufgabe erinnerte mich an eine Wahrheit, die wir oft verdrängen: Alles geht zur Neige. Die Tage werden weniger, die Termine, die Tänze ebenfalls. Am Tag unserer Geburt wurde die Sanduhr unwiderruflich umgedreht und seitdem verbrauchen wir unser Guthaben. Wir haben heute weniger als gestern. Wir heben mehr von unserem Konto ab, als wir einzahlen – eine Tatsache, die meiner Ansicht nach der Grund für das erste Wunder ist, das Jesus vollbrachte. Er befand sich auf einer Hochzeit. Maria, seine Mutter, war auch da. Irgendwann kam sie zu ihrem Sohn und wies ihn auf ein Problem hin. „Sie haben keinen Wein mehr" (Johannes 2,3).

Wäre ich an diesem Tag der diensthabende Engel gewesen, hätte ich eingegriffen. Ich hätte einen meiner Flügel ausgestreckt und Maria beiseitegenommen. Ich hätte sie an den Auftrag ihres

Sohnes erinnert. „Er wurde nicht auf diese Erde gesandt, um so weltliche, profane Aufgaben zu erledigen. Wir heben uns seine Wunderkräfte lieber für Totenerweckungen, Lepraheilungen und Dämonenaustreibungen auf. Kein Wein? Kein Grund, Jesus etwas vorzuweinen."

Aber ich war nicht der diensthabende Engel. Maria nahm die Hilfe ihres Sohnes in Anspruch, um das Problem der leeren Schöpfkellen zu lösen. Im 1. Jahrhundert verstanden die Menschen in Palästina etwas davon, wie man ein Fest feiert. Eine Hochzeitsfeier mit Empfang, die nur einen Abend dauerte, war ein absolutes No-Go. Hochzeiten dauerten geschlagene sieben Tage. Essen und Getränke sollten also mindestens genauso lange ausreichen. Daher war Maria besorgt, als sie sah, wie die Diener die letzten Tropfen aus dem Weinfass schöpften.

Man kann die Veranstalter wegen schlechter Planungen tadeln. Man kann die Gäste für den Weinmangel verantwortlich machen, weil sie zu viel tranken. Man kann Jesus vorwerfen, dass er mit einer Truppe durstiger Jünger auftauchte. Wir wissen nicht, warum es zu dem Engpass kam. Aber wir wissen, wie die Vorräte wieder gefüllt wurden. Maria brachte das Problem vor. Jesus fühlte sich zunächst nicht zuständig. Maria wies die Diener an, entsprechende Vorkehrungen zu treffen, und wartete dann ab. Jesus überlegte es sich noch einmal. Er gab eine Anweisung. Die Diener gehorchten und boten dem Sommelier etwas an, wovon sie hätten schwören können, dass es Wasser war. Er nahm einen Schluck, leckte sich die Lippen, hielt das Glas gegen das Licht und erwiderte erstaunt, dass sie wohl den besten Wein für den Abschiedstoast aufgehoben hatten. Die Diener begleiteten ihn durch den Raum, um ihm die sechs Fässer zu zeigen, die bis zum Rand mit Wein gefüllt waren. Die Hochzeit ohne Wein wurde plötzlich zu einer Hochzeit mit Wein im Überfluss. Maria lächelte ihren Sohn an. Jesus erhob das Glas auf seine Mutter und wir lernen aus der Geschichte: Der Himmel interessiert sich auch für unsere schwindenden Vorräte, egal, wie belanglos sie auch sein mögen.

Ich kann ebenfalls ein Lied davon singen. Während einer der etwas verrückteren Zeiten meines Lebens nahm ich an einem Halb-Ironman teil. Der Wettkampf bestand aus einer Schwimmstrecke von 2 Kilometern, einer Radstrecke von 90 Kilometern und einer Laufstrecke von 21 Kilometern. Warum nahm ein 50-jähriger Pastor an einem solchen Unterfangen teil? Genau das fragte mich meine Frau jedenfalls immer wieder.

Während eines der Rennen betete ich das wahrscheinlich wunderlichste Gebet meines Lebens. Wir waren zu viert zu dem Wettkampf nach Florida gereist. Einer meiner Freunde hatte einen Athleten aus Indiana eingeladen, uns zu begleiten. Insgesamt kannte ich also diese drei Teilnehmer. Und mindestens 200 Menschen nicht. Eine Tatsache, die für meine Geschichte sehr bedeutsam ist.

Ich beendete das Schwimmen. Ich war zwar nicht der Allerletzte, aber doch fast Letzter und schon halb tot. Ich setzte mich auf mein Fahrrad und begann die dreistündige Fahrt. Nachdem ich etwa ein Drittel der Strecke hinter mich gebracht hatte, griff ich in die Tasche meines Shirts, um etwas Sportlernahrung herauszuholen. Es handelt sich dabei um eine Ration schnell verwertbarer essenzieller Nährstoffe. Raten Sie mal, wer seine Snacks vergessen hatte? Ich hatte keine Nahrung und noch fast 50 Kilometer vor mir. Leider gibt es auf der Triathlonstrecke auch keine Kiosks mit solchen Riegeln.

So wie Sie habe auch ich in meinem Leben schon unzählige Gebete gesprochen. Ich habe für Menschen gebetet, die im Sterben lagen, für Babys, die geboren wurden. Ich habe für gebrochene

Herzen gebetet, für kaputte Häuser, für angeknackste Knochen. Aber ich hatte noch nie für Sportsnacks gebetet. Aber was tat ich jetzt? Die Strecke ohne Nahrung zu bewältigen war für den alten Max unmöglich.

Also betete ich. Während ich schnaufte und in die Pedale trat, sagte ich: „Herr, das ist vielleicht das einzige Mal in der Ewigkeit deines Daseins, dass du diese Bitte hörst. Aber meine Situation sieht folgendermaßen aus ..."

Fiel Nahrung vom Himmel? Na ja, fast. Der Mann aus Indiana, der Freund meines Freundes, eine der drei Personen, die ich unter all den Teilnehmenden kannte, fuhr gerade „rein zufällig" an mir vorbei.

„Hi, Max, wie läuft's?", fragte er.

„Also, ich habe da ein Problem."

Als er von meinem Snack-Mangel hörte, griff er in die Tasche seines Trikots und holte drei Packungen hervor. Er sagte: „Ich habe mehr als genug!" Er gab sie mir und fuhr weiter.

Jetzt denken Sie vielleicht: *Max, das ist ein ziemlich schwaches Beispiel für ein erhörtes Gebet. Ich bin mit Krankheiten, Schulden, drohender Kündigung und Schicksalsschlägen konfrontiert, und du sprichst von so etwas Belanglosem wie Snacks in einem Rennen?*

Genau darauf will ich hinaus.

Und ich denke, darauf will auch Jesus hinaus. Ist es wirklich so weltbewegend, ob auf einer Hochzeit der Wein ausgeht? Angesichts all der Bedürfnisse der Menschen auf dem Planeten – warum sollten leere Weinfässer da eine Rolle spielen? Die Antwort ist einfach: Es war Jesus wichtig, weil es Maria wichtig war. Wenn Jesus bereit war, seine himmlische Macht zu zeigen, um einen gesellschaftlichen Fauxpas zu verhindern, wie viel eher wird er dann bereit sein, bei wichtigeren Fragen unseres Lebens einzugreifen?

Er möchte, dass Sie eines wissen: Sie dürfen mit all Ihren Bedürfnissen – *all* Ihren Bedürfnissen! – zu ihm kommen. „Sorgt euch um nichts, sondern betet um *alles*. Sagt Gott, was ihr braucht, und dankt ihm" (Philipper 4,6; Hervorhebung des Autors).

Betet um alles – nicht nur um die großen Dinge.

Maria hat es uns vorgemacht. Sie kam mit ihrem Anliegen zu Jesus. „Sie haben keinen Wein mehr." Ohne Trommelwirbel und ohne Tamtam. Sie kannte das Problem. Sie kannte den Versorger. Sie brachte beides zusammen.

Meine Kinder haben das auch getan. Sie haben mir immer ganz konkret gesagt, was sie brauchten und wann sie es brauchten. Niemand rief mich an und meinte: „Sei heute bitte ein guter Vater für mich, Papa." Oder: „Ich verkünde im Namen der guten Elternschaft, dass du meine tiefsten Bedürfnisse stillen musst."

Was ich zu hören bekam, war: „Kannst du mich abholen?" – „Kann ich etwas Geld haben?" – „Kann ich heute bei meiner Freundin übernachten?" – „Hilfst du mir bei den Hausaufgaben?" – „Wie bist du bloß so ein brillanter, weiser und gut aussehender Vater geworden?"

Okay, die letzte Frage ist vielleicht ein bisschen übertrieben. Mir geht es um Folgendes: Meine Töchter hatten konkrete Bitten. Hat mich das abgeschreckt? War ich beleidigt, weil sie mir genau sagten, was sie von mir wollten? Natürlich nicht. Ich bin schließlich ihr Papa. Das war ihre Art zu sagen: „Ich brauche dich." Es ist die Aufgabe eines Vaters, die Bedürfnisse seiner Kinder wahrzunehmen und auf ihre Bitten zu reagieren.

Also frage ich Sie: Haben Sie Gott schon um Unterstützung gebeten? Hat Ihr Bedürfnis Sie motiviert, ein Gebet zu sprechen? Jesus wird Ihnen eine passende Antwort auf Ihr konkretes Anliegen geben. Bei ihm gibt es kein Fast Food. Er ist ein Sternekoch, der seinen ganz individuellen Segen auf Ihre einzigartigen

Bedürfnisse abstimmt. Als Menschenmengen zu ihm kamen, um geheilt zu werden, legte er *„jedem Einzelnen* die Hände auf und heilte sie alle“ (Lukas 4,40; Hervorhebung des Autors).

Wenn Jesus gewollt hätte, hätte er auch eine heilende Wolke vom Himmel auf die Menschenmenge herabrufen können. Aber sein Segen ist keine Massenware. Er legte jedem Einzelnen die Hände auf, ganz individuell und persönlich. Er reagierte auf konkrete Nöte mit konkreten Antworten. Durch ein detailliertes Gebet geben wir Jesus die Möglichkeit, all unsere Zweifel an seiner Liebe und seinem Interesse an uns zu zerstreuen. Ihr Problem wird zu seinem Weg. Ihre Herausforderung wird zur Bühne, auf der Jesus sein wunderbares Wirken demonstriert. Sprechen Sie also ein einfaches Gebet und vertrauen Sie Jesus Ihr Anliegen an.

Wieder ist Maria hier unser Vorbild. Achten Sie darauf, was sie tut. In Vers 3 formuliert sie ihr Anliegen: „Sie haben keinen Wein mehr.“ In Vers 4 reagiert Jesus außergewöhnlich ablehnend: „‚Was hat das mit mir und dir zu tun?‘, fragte Jesus. ‚Meine Zeit ist noch nicht gekommen‘“ (Johannes 2,3–4).

Jesus hatte offensichtlich einen Terminplan. Er wusste, wann seine Zeit kommen würde, und die Hochzeit von Kana war nicht der Moment, an dem er zum ersten Mal aktiv werden würde. Er ging als ganz normaler Gast ohne besondere Absichten auf diese Hochzeit. „Wasser in Wein verwandeln“ stand nicht auf seiner To-do-Liste. Die Engel standen nicht Schlange, um das erste Wunder mitzuerleben. Das Engel-Komitee für Anfangswunder war sich nämlich sicher, dass das erste Wunder für ein späteres Datum geplant war.

Deshalb begegnete Jesus Marias Bitte erst einmal mit zögernder Ablehnung. Sie haben die gleiche Reaktion vielleicht auch schon erlebt. In Ihrer persönlichen Version von Vers 3 haben Sie Ihren Mangel geschildert: kein Wein, keine Zeit, keine Kraft, keine

Vision. Ihre Anzeige steht auf null. Der Tank ist leer. Das Konto ist im Minus. In Vers 3 haben Sie Ihr Anliegen vorgebracht. Dann kam Vers 4. Stille. Es war so ruhig wie in einer Bibliothek um Mitternacht. Es gab keine Antwort. Es wurde keine Ausgleichszahlung getätigt. Wenn es keine Antwort gibt, wie lautet dann Ihr Vers 5?

Maria hätte folgendermaßen reagieren können:

Sie zog beleidigt von dannen.

Sie verkündete, dass sie nicht länger an ihren Sohn glaubte.

Sie sagte: „Wenn du mich wirklich lieben würdest, würdest du mein Gebet erhören."

Sie sagte: „All diese Jahre, in denen ich deine Wäsche gewaschen und dein Essen gekocht habe, und das ist dein Dank dafür?"

Marias Vers 5 lautet aber folgendermaßen: „Doch seine Mutter wies die Diener an: ‚Tut, was immer er euch befiehlt'" (Johannes 2,5).

Übersetzt bedeutet das: „Jesus hat das Sagen, nicht ich. Er regiert die Welt, nicht ich. Er kennt die Zukunft, ich nicht. Ich vertraue Jesus. Was auch immer er euch aufträgt, tut es."

„Was auch immer" bedeutet „was auch immer". Was auch immer er sagt, was auch immer er befiehlt. Auch wenn sein „was auch immer" gar nichts Besonderes ist, tut es![1]

Maria machte es ganz klar: Jesus war der König der Hochzeit. Sie hätte auch eine Krone auf seinen Kopf setzen und einen Umhang um seine Schultern legen können. Die 30 Jahre, die sie mit Jesus verbracht hatte, hatten sie eines gelehrt: Jesus weiß, was er tut. Sie glaubte nicht, dass er genau das tun würde, worum sie bat, sondern, dass er genau das tun würde, was richtig war. Ihr Glaube an ihn gab ihr die Kraft zu sagen: „Wenn er Ja sagt, wunderbar. Wenn er Nein sagt, ist es auch in Ordnung."

Und es war etwas an Marias felsenfestem Glauben, das dazu führte, dass Jesus seinen Plan änderte.

Im Haus gab es sechs steinerne Wasserbehälter, die für die vorgeschriebenen Reinigungshandlungen der Juden verwendet wurden und jeweils rund hundert Liter fassten. Jesus sprach zu den Dienern: „Füllt die Krüge mit Wasser." Als sie die Krüge bis zum Rand gefüllt hatten, sagte er: „Schöpft daraus und bringt es dem Zeremonienmeister." Sie folgten seiner Anweisung (Johannes 2,6–8).

Das Volumen der sechs Wasserbehälter reichte umgerechnet für sage und schreibe 760 Flaschen Wein![2] Jeder königliche Zeremonienmeister wäre bei einer solchen Fülle vor Neid erblasst.

Der Zeremonienmeister kostete von dem Wasser, das nun Wein war. Da er nicht wusste, woher der Wein kam – denn nur die Diener, die ihn geschöpft hatten, wussten es –, ließ er den Bräutigam holen. „Eigentlich schenkt ein Gastgeber den besseren Wein zuerst aus", sagte er. „Später, wenn alle betrunken sind und es ihnen nichts mehr ausmacht, holt er den weniger guten. Du dagegen hast den besten Wein bis jetzt zurückbehalten!" (Johannes 2,9–10).

Jesus sorgte nicht nur für viel Wein, sondern für *besonders guten* Wein. Kochwein hätte es auch getan. Supermarkt-Wein hätte den Gästen gereicht. Maria wäre zufrieden gewesen mit der Sorte Wein, die man dienstagabends zur Pizza trinkt. Aber Jesus war das nicht genug. Wenn wir mit unserem Anliegen zu ihm kommen und darauf vertrauen, dass er das Richtige tut, dann geschieht etwas Wunderbares: Er kann „unendlich viel mehr tun, als wir je bitten oder auch nur hoffen würden" (Epheser 3,20).

Wir müssen nur eines tun: glauben – daran glauben, dass Jesus wirklich in jeder Situation der Herr ist. Also bringen Sie eine konkrete Bitte vor, und vertrauen Sie darauf, dass er vielleicht nicht unbedingt das tut, was Sie möchten, aber das, was am besten ist. Ehe Sie sich's versehen, werden Sie auf das Wohl Jesu anstoßen, um den zu ehren, der Ihre Gebete hört.

Übrigens: Wenn Sie im Jahr 2038 auch noch hier sind, werden wir Sie wissen lassen, ob der Versicherungsmann mit seiner Vorhersage bezüglich meiner Lebenserwartung richtiglag.

Kapitel 3

Der lange Weg vom Gebet bis zu seiner Erhörung

Bill Irwin war nicht der Erste, der den *Appalachian Trail*, den berühmten amerikanischen Fernwanderweg in den Appalachen – einem Gebirgssystem im Osten Nordamerikas –, bewältigt hat. Er war nicht der Einzige, der in Springer Mountain in Bundesstaat Georgia losging und schließlich auf dem Mount Katahdin in Maine ankam. Andere abenteuerlustige Menschen haben die 3380 Kilometer lange Strecke ebenfalls bewältigt, haben den Schnee, die Hitze und den Regen ertragen, auf dem Boden geschlafen, Flüsse durchquert und in der Kälte gezittert. Bill Irwin war nicht der Erste, der diese Meisterleistung vollbrachte. Aber in einer Hinsicht war er der Erste: Er war der erste Blinde, der die Strecke hinter sich brachte.

Er war 50 Jahre alt, als er 1990 seine Wanderung begann. Als trockener Alkoholiker und engagierter Christ lernte er 2. Korinther 5,7 auswendig und ließ sich von diesem Vers tragen: „Denn wir leben im Glauben und nicht im Schauen." Und genau das tat er. Er benutzte weder Karten noch ein GPS oder einen Kompass. Es gab nur Irwin, seinen Deutschen Schäferhund und das felsige Gebirge. Er schätzte später, dass er etwa 5000-mal fiel[1], was bedeutet, dass er täglich etwa 20-mal stürzte, und das acht Monate lang. Er litt an Unterkühlung, brach sich die Rippen und schürfte sich Hände und Knie öfter auf, als er zählen konnte.[2] Aber er schaffte es. Er unternahm die lange Wanderung tatsächlich im Glauben und nicht im Schauen.

Und Sie tun das Gleiche. Wahrscheinlich nicht in den Appalachen, aber auf den schwierigen Wanderwegen Ihres Lebens. Sie laufen nicht die Strecke von Georgia nach Maine. Nein, Sie gehen einen Weg, der noch steiler und länger ist – den Weg vom Gebet zu seiner Erhörung,

- vom Flehen zum Feiern,
- von gebeugten Knien zu erhobenen Händen,
- von Tränen der Angst zu Tränen der Freude,
- von „Hilf mir, Herr!" zu „Danke, Herr!".

Kommt Ihnen dieser Weg bekannt vor? Kennen Sie die Zweifel, die ihn hin und wieder säumen? Die Verzweiflung, die sie begleitet wie ein ungebetener Weggefährte, der sich einfach nicht abschütteln lässt? Wenn Sie wissen, was ich meine, wird Sie die folgende Geschichte sicher ermutigen.

> *Seine Reise durch Galiläa führte ihn auch wieder in die Stadt Kana, wo er das Wasser in Wein verwandelt hatte. In Kapernaum lebte ein königlicher Beamter, dessen Sohn krank war. Als er hörte, dass Jesus aus Judäa gekommen war und durch Galiläa reiste, brach er nach Kana auf. Er suchte Jesus und bat ihn, mit ihm nach Kapernaum herabzukommen und seinen Sohn zu heilen, der im Sterben lag* (Johannes 4,46–47).

Der Vater hatte eine hohe Stellung an Herodes' Hof inne. Er war wahrscheinlich kein Jude und kannte Gott nicht. Seine Stellung würde heutzutage vielleicht der eines Stabschefs im Weißen Haus oder eines Ministers entsprechen. Er bekleidete eine hohe Position und befehligte eine Schar von Dienern. Aber all das spielte keine Rolle, denn sein Sohn war sehr krank, ein Kind noch, ein kleiner Junge (Johannes 4,49). Zweifellos hatte der bedeutende Mann die besten Ärzte zusammengetrommelt, damit diese seinem Sohn halfen. Aber keiner war dazu in der Lage. Sein Sohn lag weiterhin im Sterben. Auch wenn man noch so viel Geld besitzt, ist man nicht allmächtig. Weder Rang noch Reichtum können den Besitzer vor Krankheit und Tod schützen. Und sicher hätte der Vater beides gegeben, damit sein Sohn wieder gesund wurde.

Er lebte in Kapernaum, in einem Fischerdorf, in dem Jesus ein und aus ging. Petrus besaß dort ein Haus. Jesus sprach immer wieder in der örtlichen Synagoge. Man kann sich gut vorstellen, dass ein Dorfbewohner dem verzweifelten Vater irgendwann vorschlug: „Bitte doch den Nazarener, deinem Sohn zu helfen. Er hat Heilungskräfte." Jesus war schließlich in Kapernaum sehr bekannt.

Allerdings hielt Jesus sich zu diesem Zeitpunkt offenbar gerade 25 Kilometer entfernt in dem Dorf Kana auf.[3]

Doch der Hauptmann machte sich auf den Weg. Er küsste seinem fiebrigen Sohn die Stirn, gab seiner besorgten Frau ein Versprechen und ging Richtung Nordosten am See Genezareth entlang. Damals waren 25 Kilometer eine weite Strecke, die genaue Planungen erforderte. Er musste Proviant und eine Unterkunft organisieren. Wenn er vor Sonnenaufgang losging, wäre er wahrscheinlich bei Sonnenuntergang in Kana. Wenn er sich um die Mittagszeit auf den Weg machte, müsste er die Nacht in einer

Herberge verbringen oder ein Gästezimmer mieten. So oder so genoss er die Wanderung sicher nicht und konnte auch keine Sehenswürdigkeiten bewundern oder jemanden unterwegs besuchen. Als er Jesus schließlich in Kana ausfindig machte, war der Beamte zweifellos müde und besorgt.

„Er suchte Jesus und bat ihn, mit ihm nach Kapernaum herabzukommen und seinen Sohn zu heilen, der im Sterben lag" (Johannes 4,47). Seine Bitte war ganz konkret. Dringlich. Er erwähnte weder seine Position noch seinen Rang oder Titel. Er stellte Jesus keine finanzielle Zuwendung in Aussicht. Er maßte sich nicht an, göttliche Hilfe verdient zu haben. Er kam zu Jesus als verzweifelter Vater. Er *bat* Jesus, nach Kapernaum zu kommen. Ich stelle mir beim Lesen dieser Stelle vor, dass der Mann auf seinen Knien hockte, vielleicht mit bis zum Boden gesenktem Kopf. Er flehte Jesus an, mit ihm zurückzugehen und seinen Sohn zu heilen. Er hatte nicht nur eine Bitte. Er hatte sich auch genau ausgemalt, was nun geschehen würde. In seiner Vorstellung würden die beiden Seite an Seite von Kana nach Kapernaum wandern, bis sie vor dem sterbenden Jungen standen.

Die Antwort, die Jesus ihm gab, stellt daher eine Überraschung dar. „Jesus sagte: ‚Wenn ihr nicht Zeichen und Wunder seht, glaubt ihr nicht an mich'" (Johannes 4,48).

Ach du lieber Himmel, mit einer solch strengen Rüge hatte ich nicht gerechnet. Sie etwa? Schon nach dem ersten Wunder, von dem im Johannesevangelium berichtet wird, mahnt Jesus: „Seid vorsichtig." Er warnt vor einem Glauben, der mit Bedingungen verknüpft ist und gewissermaßen sagt: „Ich glaube, *falls* ..." oder: „Ich glaube, *wenn* ..."

Was war der Grund für diese Reaktion? Vielleicht die Haltung der Dorfbewohner? Sie bekamen sicher mit, dass der Hauptmann mitsamt seiner Gefolgschaft im Schlepptau eintraf. Sie erfuhren von seinem sterbenden Sohn und seinem Vorhaben, Jesus um Hilfe zu bitten. Sie folgten ihm – aber nicht, weil sie sich um den Jungen sorgten, sondern weil sie sich für Wunder begeisterten. Das war schließlich Kana. Von dem Wasser-zu-Wein-Wunder hatten alle gehört. Vielleicht hofften sie auf ein neues Zeichen, mit dem Jesus seine Macht bewies. „Mach schon, Jesus", schienen sie mit ihrer Anwesenheit zu fordern. „Zeig uns, was du draufhast."

Oder vielleicht sah Jesus ja auch, dass der Glaube des Vaters an gewisse Bedingungen geknüpft war. Der Mann bat nicht nur um Hilfe, er sagte Jesus auch, *wie* er helfen sollte. „Komm nach Kapernaum und heile meinen Sohn." Da er ein hochrangiger Beamter war, war er es gewohnt, Befehle zu erteilen. Er teilte seinen Untergebenen mit, was sie zu tun hatten und wie sie es zu tun hatten. Machte er mit Jesus vielleicht das Gleiche? War er nur dann bereit, an Jesus zu glauben, wenn dieser auf eine ganz bestimmte Art helfen würde?

Jedenfalls hielt Jesus – aus welchem Grund auch immer – eine Warnung für angebracht. Bei seinem ersten Wunder belohnte Jesus den völlig bedingungslosen Glauben von Maria, die die Diener anwies, das zu tun, was auch immer Jesus anweisen würde. Bei diesem Wunder hier warnte er aber vor einem Glauben, der an Bedingungen geknüpft oder von irgendwelchen Umständen abhängig ist. Ein solcher Glaube ist wie Straßenkreide: Sie sieht wunderschön aus, solange die Sonne scheint, löst sich aber auf, sobald es regnet.

Der Vater reagierte jedoch nicht auf den Tadel. Er war in Gedanken vermutlich bei seinem Kind. Er stritt nicht ab, dass einige Menschen von Jesus partout Wunder forderten; er wollte sich jedoch nicht von dem ablenken lassen, was in diesem Augenblick wirklich wichtig war. „Doch der Beamte sagte zu ihm: ‚Herr, bitte komm zu mir herab nach Kapernaum, ehe mein kleiner Junge stirbt'" (Johannes 4, 49).

Sein Anliegen hätte kaum aufrichtiger sein können, seine Bitte kaum deutlicher: „Komm jetzt!"

Und Jesus antwortete darauf. „Da sagte Jesus zu ihm: ‚Geh zurück nach Hause! Dein Sohn lebt'" (Johannes 4,50).

Das war doch eine gute Nachricht, nicht wahr? Jesus hatte das Gebet des Mannes erhört, oder? Der Hauptmann hatte allen Grund, sich zu freuen. Oder vielleicht auch nicht? Der Mann hatte Jesus gebeten, mit ihm nach Kapernaum zu gehen. Aber Jesus hatte nur erwidert: „Geh nach Hause. Dein Sohn wird leben."

Dies war für den Vater die Stunde der Wahrheit, der Moment, an dem er den ersten Schritt auf einem langen Weg gehen würde. Die Bitte wurde in Kana ausgesprochen. Würde sie in Kapernaum erhört werden? Er wusste es nicht. Daher musste er nun eine Entscheidung fällen.

Vielleicht war für ihn in diesem Augenblick wirklich alles geklärt und er schwebte gewissermaßen auf einem fliegenden Glaubensteppich nach Hause. Vielleicht hob er jubelnd die Arme und rief: „Mein Sohn wird leben!" Vielleicht schlief er in dieser Nacht wie ein Stein und war gut gelaunt, als er am nächsten Morgen erwachte. Die Sonne schien, der Himmel war blau, und er hüpfte und pfiff den ganzen Weg bis nach Kapernaum zurück.

Wenn ja, war er ein besserer Mensch als ich. Ich hätte nach dieser Antwort erst einmal schwer geschluckt. Ich hätte erst auf Jesus geblickt, dann auf den Weg. Erst in die eine Richtung, dann in die andere. „Bist du sicher, Jesus? Kannst du nicht lieber mit mir kommen? Meine Frau ist eine gute Köchin. Ich habe ihr gesagt, dass ich dich mitbringen werde. Kannst du nicht bitte, bitte mit mir gehen?"

Was wäre, wenn der Mann in Kapernaum ankäme und es ginge

seinem Sohn nicht besser? Was wäre, wenn der Messias dann schon weitergezogen wäre, sodass der Vater ihn nicht wiederfinden könnte?

Er traf eine Entscheidung. „Der Mann glaubte dem Wort, das Jesus zu ihm gesagt hatte, und machte sich auf den Heimweg" (Johannes 4,50).

> *Unterwegs kamen ihm einige seiner Knechte mit der Nachricht entgegen, dass sein Sohn lebte und gesund war. Er fragte sie, seit wann genau es dem Jungen wieder besser gehe, und sie erwiderten: „Gestern Mittag um ein Uhr verschwand das Fieber!" Da erkannte der Vater, dass es genau der Zeitpunkt gewesen war, an dem Jesus ihm gesagt hatte: „Dein Sohn lebt." Und der Beamte und sein ganzes Haus glaubten an Jesus. Das war das zweite Wunder von Jesus in Galiläa, nachdem er aus Judäa gekommen war* (Johannes 4,51–54).

Auf die gute Nachricht der Diener reagierte der Vater mit einer guten Frage: „Seit wann geht es dem Jungen besser?" Antwort: „Seit ein Uhr." Genau seit dem Zeitpunkt, als Jesus ihm die Zusage gegeben hatte.

Jesus hatte eine Fernheilung vollbracht. Das Wunder beeinflusste aber nicht nur das Leben des Jungen, sondern die gesamte Hausgemeinschaft, die daraufhin zum Glauben kam. Ist das nicht genau das, was Jesus im Sinn hatte? Zweifellos war die körperliche Heilung ein unglaubliches Geschenk. Aber der Junge würde letzten Endes doch sterben. Ich wüsste zumindest nicht von einer 2000 Jahre alten Person aus Galiläa, die heute noch über diese Erde wandelt. Das Leben spendende Wunder Jesu war zeitlich begrenzt. Das Glauben spendende Wunder Jesu hatte Auswirkungen bis in die Ewigkeit hinein. Die Hausgemeinschaft setzte ihr

Vertrauen auf Jesus. Und dieser Glaube führte dazu, dass sie das ewige Leben bekamen.

Wie sieht es mit Ihnen aus? Sind Sie auch irgendwo zwischen Kana und Kapernaum unterwegs? Wie der Hauptmann haben Sie ein ehrliches Gebet gesprochen. Sie haben Jesus um Hilfe gebeten. Und wie der Hauptmann haben Sie vielleicht nicht die Antwort erhalten, die Sie sich gewünscht hatten. Was nun? Sie tun Ihr Bestes ... setzen einen Fuß vor den anderen und gehen den Weg des Gehorsams.

Gebete, die nicht erhört werden oder nicht so erhört werden, wie wir es uns wünschen würden, stellen uns vor eine Herausforderung. Wenn wir uns Plan A wünschen und Jesus mit Plan B antwortet, wie sollen wir da reagieren? Wie finden wir auf unserem Lebensweg die Kraft, die Bill Irwin in den Appalachen aufbrachte? Wie gehen wir vertrauensvoll weiter, wenn wir noch nicht sehen können, worauf das alles hinauslaufen wird?

Ich möchte dieses schwierige Thema mit Bedacht angehen. Bevor ich Ihnen eine Antwort präsentiere, möchte ich Ihnen sagen, wie leid es mir tut, dass wir dieses Thema überhaupt besprechen müssen. Es tut mir leid, dass es ein Gebet in Ihrem Leben gibt, das Gott noch nicht beantwortet hat. Es tut mir leid, dass Sie noch keinen Arbeitsplatz gefunden haben, dass Ihr Ehepartner sich nicht entschuldigt oder Ihr Krebs gestreut hat. Es tut mir leid, dass Sie zwischen Kana und Kapernaum unterwegs sind. Im Leben gibt es immer wieder düstere Momente.

Und Jesus wird uns auf dieser Seite der Ewigkeit auch nicht von allem Schmerz befreien.

Hat jemand das Gegenteil behauptet? Hat Ihnen jemand gesagt, dass es bei Gott nur blauen Himmel, Regenbögen und Sonnenstrahlen gibt? Wenn ja, dann ist das ein Irrtum. Lesen Sie die Bibel doch einmal vom Inhaltsverzeichnis bis zu den Landkarten im Anhang – Sie werden keine Stelle finden, in denen Ihnen auf dieser Erde ein schmerzfreies Leben versprochen wird.

Aber Sie werden die Zusage finden: „Ich werde dich nie verlassen und dich nicht im Stich lassen" (Hebräer 13,5).

Als der Vater Kapernaum erreichte, machte er eine wunderbare Entdeckung: Die Gegenwart und Kraft Jesu waren ihm vorausgegangen. Vielleicht dachte er, er würde den Weg allein gehen, aber das Gegenteil war der Fall. Auf übernatürliche Weise war Jesus in das Haus des Hauptmannes eingezogen und hatte nicht nur den Jungen geheilt, sondern auch die Herzen der gesamten Hausgemeinschaft gewonnen.

Wurde das Gebet des Vaters erhört? Auf jeden Fall. Es wurde sogar auf noch wunderbarere Weise erhört, als er erwartet hatte.

Ihres wird auch erhört werden. Vielleicht wird es während Ihres irdischen Lebens erhört, vielleicht erwartet die Antwort Sie aber auch erst im Himmel. So oder so ermutigt uns die Geschichte dazu, unserem Weg weiter zu folgen und auf Gott zu vertrauen. „Gott ist unsere sichere Zuflucht, ein bewährter Helfer in aller Not" (Psalm 46,2; GN).

Er *ist* unsere Zuflucht. Er ist kein gelegentlicher oder sporadischer Beistand. Sie werden nie in der Warteschlange festhängen oder gebeten werden, später noch einmal anzurufen. Er *ist* für uns da. Er ist nie zu beschäftigt und hat keine wichtigeren Termine.

Er ist unsere *sichere* Zuflucht. So sicher wie Ihr nächster Atemzug. Er ist Ihnen näher als Ihre eigene Haut. „Wohin sollte ich fliehen vor deinem Geist, und wo könnte ich deiner Gegenwart entrinnen? Flöge ich hinauf in den Himmel, so bist du da; stiege ich hinab ins Totenreich, so bist du auch da" (Psalm 139,7–8).

Und was ist mit einer Reha-Klinik? Er ist da. In einer Gefängniszelle? Er ist da. Kein Sitzungssaal ist zu elegant, kein Bordell zu anrüchig. Kein Palast ist zu majestätisch, kein Abrisshaus zu heruntergekommen. „Er ist keinem von uns fern" (Apostelgeschichte 17,27). Er ist da. Er hat sich bewährt. Er *hilft*. Er wird uns nicht verletzen, uns schaden oder uns Steine in den Weg legen. Er ist da, um zu helfen. Das versichert er uns durch dieses Wunder.

Kommt Ihnen Ihr Leben gerade wie eine Winterwanderung in den Appalachen vor? Können Sie nur noch mit Mühe einen Fuß vor den anderen setzen? Wenn ja, dann bitte ich Sie eindringlich: Gehen Sie weiter! Halten Sie durch! Geben Sie nicht auf! Hilfe ist unterwegs. Sie sieht vielleicht nicht so aus, wie Sie es sich wünschen, oder tritt nicht so schnell ein, wie Sie gern hätten, aber sie wird kommen. Sie dürfen davon ausgehen, dass etwas Gutes geschehen wird. Die Tür zu Ihrer Zukunft lässt sich von innen öffnen. Drücken Sie die Klinke herunter und treten Sie hindurch.

Vor ein paar Jahren waren meine Frau und ich zum Abendessen bei Gerald Jones in seinem Haus in Texas eingeladen. Vielleicht sagt Ihnen der Name „Gerald Jones" nichts, aber möglicherweise kennen Sie ihn unter seinem Künstlernamen G. Harvey. Er war einer der größten Künstler Amerikas.

Sein Haus war ein Traum für jeden seiner Fans. An jeder Wand hingen seine Originalgemälde. Jeder Rahmen enthielt ein Meisterwerk.

Hinter seinem Haus befand sich sein Studio, ein Atelier mit unvollendeten Gemälden. Leinwände, die nur teilweise bemalt waren. Menschen ohne Köpfe, Berge ohne Spitzen. Ich bin weit davon entfernt, ein Kunstkenner zu sein, aber sogar ich wusste, dass es keinen Sinn hatte, ihn auf die Mängel hinzuweisen. Es wäre ausgesprochen kurzsichtig von mir gewesen zu sagen: „Hey, Gerald, der Baum da ist noch nicht fertig" oder: „Bei dem Pferd fehlen die Beine."

Der Künstler war eben noch nicht fertig.

Und das Gleiche gilt auch für den göttlichen Künstler. Die Erde ist sein Atelier. Jeder Mensch auf der Welt ist eines seiner Projekte. Jedes Ereignis ist eines seiner wunderbaren Wandgemälde. Er ist damit noch nicht fertig. „Ich bin ganz sicher, dass Gott, der sein gutes Werk in euch angefangen hat, damit weitermachen und es vollenden wird bis zu dem Tag, an dem Christus Jesus wiederkommt" (Philipper 1,6).

In diesem Leben müssen wir den Weg von Kana nach Kapernaum oft zurücklegen, den Weg vom Gebet bis zu seiner Erhörung. Jesus versprach dem Vater, dass ihn am Ende seiner Reise ein wunderbares Segensgeschenk erwarten würde. Und das Gleiche verspricht er auch uns. Wir werden diesen Vater treffen, wenn wir einmal in den Himmel kommen. Dann werde ich ihn nach diesem Weg fragen. Ich möchte wissen, wie er sich fühlte, was er dachte. Aber vor allem möchte ich ihm für seine Reaktion danken, von der wir so viel lernen können: „Der Mann glaubte dem Wort, das Jesus zu ihm gesagt hatte, und machte sich auf den Heimweg" (Johannes 4,50).

Folgen Sie seinem Beispiel. Richten Sie Ihren Kompass auf Gottes Versprechen aus und setzen Sie einen Fuß vor den anderen. Jesus hat gesprochen. Lassen Sie sein Wort das bewirken, wozu es bestimmt ist: Es soll Sie nach Hause führen.

Kapitel 4

„Steh auf, nimm deine Matte und geh“

Timothy Ciprianis Idee war simpel: Durch einen Lüftungsschacht wollte er in eine Pizzeria einsteigen, die Kasse ausräumen und wieder zurück nach oben klettern. Doch der Plan ging nach hinten los. Entweder hatte er zu viel Pizza gegessen oder der Lüftungsschacht war einfach zu eng – jedenfalls blieb er stecken. Er baumelte über einer Fritteuse, seine Beine hingen von der Decke herunter, und er schrie um Hilfe. Die Polizei brauchte 30 Minuten, um ihn zu befreien.

Es ist einfach schrecklich, wenn man stecken bleibt. Fragen Sie doch mal die 18 Personen, die in einem Vergnügungspark in der chinesischen Stadt Anhui Achterbahn fuhren. Durch ungünstige Wetterbedingungen kamen ihre Wagen zum Stehen und die 18 Passagiere hingen eine halbe Stunde lang kopfüber in der Luft! Es wurden zwar alle gerettet, aber sechs von ihnen mussten anschließend im Krankenhaus behandelt werden.

Wie sagt man wohl auf Mandarin: „Ich muss mich gleich übergeben“?

Oder in der ostchinesischen Provinz Jiangsu: „Das stinkt mir“?

Genau das dachte nämlich ein Mann, der sein Handy in eine Toilettenschüssel fallen ließ. Als die Rettungskräfte eintrafen, steckte sein Arm bis zur Schulter in der Toilette fest. Unfallhelfer mussten die Porzellanschüssel zerbrechen, um ihn zu befreien.[1]

Ich hoffe, der ursprüngliche Anruf war es wert!

Wahrscheinlich haben Sie noch nie in einem Lüftungsschacht, einer Achterbahn oder einer Toilettenschüssel festgesteckt, aber stecken geblieben sind Sie wahrscheinlich ebenfalls schon. Sie saßen bestimmt mal in der Klemme und sahen keinen Ausweg mehr. Sie waren vielleicht zutiefst verbittert, bis über beide Ohren verschuldet, gefangen in einem Job ohne Aufstiegsmöglichkeiten, knietief im Sumpf eines unlösbaren Problems. Regelrecht gefangen. Mit Eltern, die einfach nicht zuhören, oder Kollegen, die Ihnen das Leben schwer machen. Mit einer strengen Vorgesetzten oder einer hartnäckigen Sucht.

Festgefahren.

Der Mann am Teich Bethesda benutzte zwar nicht den Ausdruck „festgefahren“, aber er hätte durchaus zu seiner Situation gepasst. 38 Jahre lag er nun schon am Ufer des Teichs. Nur er, seine Matte und sein gelähmter Körper. Und da niemand ihm half, änderte sich auch nichts an seiner Situation.

Er steckte ernsthaft, unwiderruflich und ohne jeden Zweifel fest.

Danach ging Jesus zu einem der jüdischen Feste nach Jerusalem hinauf. Innerhalb der Stadtmauern, in der Nähe des Schaftores, befindet sich ein Teich mit fünf Säulenhallen, der auf Hebräisch Bethesda genannt wird. Scharen von kranken Menschen – Blinde, Gelähmte oder Verkrüppelte – lagen in den Hallen. Einer der Männer, die dort lagen, war seit achtunddreißig Jahren krank (Johannes 5,1–5).

Es muss ein trauriger Anblick gewesen sein: Scharen von Menschen – Blinde, Gelähmte, Niedergeschlagene, Mutlose. Sie alle warteten auf ihre Chance, in den Teich zu gelangen, sobald sich das heilende Wasser bewegte.[2]

Der Teich war groß: 120 Meter lang, 50 Meter breit und 15 Meter tief.[3] Fünf Säulenhallen waren gebaut worden, um die Kranken vor der Sonne zu schützen. Wie verwundete Soldaten auf dem Schlachtfeld versammelten sich die Schwachen und Kranken am Teich.

Ähnliche Bilder sehen wir auch heute noch: unterernährte Flüchtlinge in den Flüchtlingslagern in Syrien. Unbehandelte Kranke auf den Straßen von Bangladesch. Vergessene Waisenkinder in China. Hilflose Arme, unwillkommene Einwanderer. Sie versammeln sich immer noch. Im Central Park. Im örtlichen Krankenhaus. Im Schnellimbiss an der Ecke. Aneinandergedrängte Scharen von Menschen, die Schmerzen haben und leiden.

Können Sie sich das vorstellen?

Und noch wichtiger: Können Sie sich vorstellen, wie Jesus in ihrer Mitte umhergeht?

Alle Geschichten aus den Evangelien, die von Heilung und Hilfe handeln, laden uns dazu ein, diese wunderbare Aussage für uns ganz persönlich in Anspruch zu nehmen: „Jesus zog durch die Städte und Dörfer der Umgebung. Er lehrte in den Synagogen und verkündete die Botschaft vom Reich Gottes. Und überall, wo er hinkam, heilte er Menschen von ihren Krankheiten und Leiden" (Matthäus 9,35).

Jesus zog es immer wieder zu den Leidenden und an diesem Tag zog es ihn zum Teich von Bethesda. Was empfand er wohl, als er die vielen unglücklichen Menschen sah? Was dachte er, als er ihre Bitten hörte? Berührten sie sein Gewand, als er an ihnen vorüberging? Sah er ihnen ins Gesicht? Es war ein trauriger, jämmerlicher Anblick. Und doch war Jesus direkt unter ihnen.

Sein Blick fiel auf den Protagonisten dieser Wundergeschichte, auf einen Mann, der „seit achtunddreißig Jahren krank [war]. Als Jesus ihn sah und erfuhr, wie lange er schon krank war, fragte er ihn: ‚Willst du gesund werden?' ‚Herr, ich kann nicht', sagte der Kranke, ‚denn ich habe niemanden, der mich in den Teich trägt, wenn sich das Wasser bewegt. Während ich noch versuche hinzugelangen, steigt immer schon ein anderer vor mir hinein'" (Johannes 5,5–7).

Was für eine seltsame Frage: „Willst du gesund werden?"

Ich besuche seit 1977 kranke Menschen. Im Rahmen meines ersten geistlichen Dienstes absolvierte ich ein pfarramtliches Praktikum, bei dem ich Patienten in den Krankenhäusern in St. Louis, Missouri, besuchte. Seit dieser Zeit habe ich mit Hunderten, vielleicht sogar Tausenden kranker Menschen gesprochen – in Kirchen, Krankenhäusern, Altenheimen und Hospizen. Ich habe für Migräne und die Masern gebetet. Ich habe Kranke mit Öl gesalbt und die Hände von Sterbenden gehalten. Ich habe Gebete geflüstert, Gott bestürmt, an Betten gekniet und aus der Bibel vorgelesen. Ich stand verängstigten Familien zur Seite. Aber niemals – wirklich kein einziges Mal – habe ich einen Kranken gefragt: „Willst du gesund werden?"

Warum stellte Jesus eine solche Frage? Unser einziger Hinweis ist der Satzteil „Als Jesus ihn sah und erfuhr, wie lange er schon krank war" (Johannes 5,6). Ein Mann, der schon fast vier Jahrzehnte lang krank war. 38 Jahre – so lange hatten die Israeliten etwa gebraucht, um das Verheißene Land zu erreichen! Aber aufgrund dieser langen Zeitspanne stellte Jesus auch die zentrale Frage: „Willst du gesund werden?"

In welchem Tonfall stellte Jesus diese Frage wohl? Sprach er als der mitfühlende Hirte mit dem Mann? Fragte er mit sanfter, bewegter Stimme? Vielleicht.

Aber vielleicht auch nicht. Ich denke, die Formulierung „als Jesus ... erfuhr, wie lange er schon krank war“ scheint in eine andere Richtung zu deuten, und die Antwort des Mannes überzeugt mich davon, dass ich da gar nicht so falschliege.

> *„Herr, ich kann nicht“, sagte der Kranke, „denn ich habe niemanden, der mich in den Teich trägt, wenn sich das Wasser bewegt. Während ich noch versuche hinzugelangen, steigt immer schon ein anderer vor mir hinein“* (Johannes 5,7).

Wirklich? *Niemand* hilft dir? *Immer* kommt dir jemand anderer zuvor? In 38 Jahren hast du es nicht ein einziges Mal in den Teich geschafft? Konntest du niemanden dafür gewinnen, dir zu helfen? 38 Jahre und überhaupt kein Fortschritt?

In diesem Licht betrachtet, klingt die Frage Jesu sehr eindringlich und ernst: „*Willst du gesund werden?* Oder bist du vielleicht eher gern krank? Es läuft doch ganz gut. Mit deinem Becher sammelst du genug, um dir dein Essen zu kaufen. Gar nicht so schlecht. Wenn du geheilt wirst, würde sich so einiges ändern. Wenn du gesund bist, musst du losziehen, dir einen Job suchen und arbeiten gehen. Du müsstest dein Leben selbst in die Hand nehmen. Willst du wirklich geheilt werden?“

Diese Frage stellte Jesus dem Kranken. Und diese Frage stellt er uns allen.

Wollen Sie von der Alkoholsucht befreit werden? Genug Geld verdienen? Eine Ausbildung machen oder ein Studium beginnen? Ein besserer Mensch werden? Möchten Sie abnehmen und mehr Sport treiben? Möchten Sie Ihre Vergangenheit hinter sich lassen?

Über schlimme Kindheitserlebnisse hinwegkommen? Möchten Sie stärker, gesünder, fröhlicher werden? Wollen Sie Ihr „Bethesda“ hinter sich lassen? Sind Sie bereit, den neuen Tag in Angriff zu nehmen? Einen Neuanfang zu wagen? Sind Sie bereit, frei zu werden?

Genau darum geht es. Das ist das Schlüsselwort.

Frei.

Losgelöst.

Befreit.

Losgelassen.

Freigesetzt.

Entfesselt.

Frei.

Wenn Sie keine Fortschritte machen, kommt es Ihnen so vor, als würden Sie feststecken. Wenn Sie seit zehn Jahren mit demselben Problem kämpfen oder die gleichen Ängste haben wie vor einem Jahr. Wenn Sie Tag für Tag in den immer gleichen destruktiven Verhaltensmustern gefangen sind und ständig über dieselben Probleme stolpern. Wenn Sie sich so fühlen, als würden es alle vor Ihnen in den Teich schaffen, und niemand will Ihnen helfen.

Wenn das auf Sie zutrifft, dann nehmen Sie sich dieses Wunder zu Herzen. Jesus sieht Sie. Wie geht er mit Ihrer schwierigen Situation um? Andere gehen auf Abstand, aber Jesus geht auf Sie zu. Er möchte Sie von Grund auf erneuern. Er sagt zu Ihnen, was er auch zu dem Mann sagte: „Steh auf, nimm deine Matte und geh!“ (Johannes 5,8).

Stehen Sie auf. Tun Sie etwas. Werden Sie aktiv. Schreiben Sie einen Brief. Bewerben Sie sich für den Job. Nehmen Sie Kontakt zu einem Therapeuten auf. Holen Sie sich Hilfe. Übernehmen Sie Verantwortung. Stehen Sie auf.

Nehmen Sie Ihre Matte. Lösen Sie sich von Ihrer Vergangenheit. Leeren Sie den Schrank, in dem der Alkohol steht. Werfen Sie die Bücher weg, die einen Keil in Ihre Ehe treiben. Verbringen Sie nicht länger Zeit mit den falschen Leuten. Beenden Sie eine destruktive Beziehung. Installieren Sie einen Porno-Blocker auf Ihrem Handy und Ihrem PC. Sprechen Sie mit einem Schuldenberater.

Und gehen Sie los. Schnüren Sie Ihre Schuhe und machen Sie sich auf den Weg. Erwarten Sie, dass endlich gute Dinge geschehen. Fassen Sie ein neues Ziel ins Auge und beginnen Sie die Wanderung. Bei dieser „Befreiung" geht es darum, sich für das Neue zu begeistern, das vor Ihnen liegt.

Dieses Wunder lädt Sie ein, an den Jesus zu glauben, der an Sie glaubt. Jesus glaubt, dass Sie aufstehen, Ihre Sachen packen und losgehen können. Sie sind stärker, als Sie glauben. „‚Denn ich weiß genau, welche Pläne ich für euch gefasst habe', spricht der Herr. ‚Mein Plan ist, euch Heil zu geben und kein Leid. Ich gebe euch Zukunft und Hoffnung'" (Jeremia 29,11).

Zweifellos eröffnete er dem Bettler von Bethesda eine wunderbare Zukunft. „Im selben Augenblick war der Mann geheilt!" (Johannes 5,9). Jesus brauchte nur etwas zu sagen, und schon geschah das Wunder.

Das Gleiche tat er 1981 auch für Barbara Snyder. Sie konnte zu diesem Zeitpunkt bereits seit sieben Jahren nicht mehr gehen. In ihrer Highschoolzeit war sie Turnerin gewesen, aber nachdem bei ihr Multiple Sklerose diagnostiziert worden war, hatte sie den Sport aufgeben müssen. Sie stolperte, stieß gegen Türen und Wände, konnte im Sportunterricht die Ringe nicht länger halten. Während der folgenden 16 Jahre verschlimmerte sich ihr Zustand zunehmend. Sie litt unter Inkontinenz. War fast blind. Sie hatte eine Lungen-OP hinter sich, weil ihre Lungenflügel nicht mehr richtig funktionierten. Lag in einem Pflegebett in ihrer Wohnung und die Ärzte gaben ihr noch sechs Monate. Einer der Ärzte, Dr. Harold P. Adolph – ein Chirurg, der in seiner Laufbahn 25 000 Operationen durchgeführt hatte –, erklärte: „Barbara war einer der hoffnungslosesten Fälle, die ich je gesehen habe."

Aber dann griff Jesus ein. Eine Freundin rief den Radiosender des *Moody Bible Institute* an und bat um Gebet für ihre Heilung. Etwa 450 Zuhörer schrieben an Barbaras Gemeinde und teilten mit, dass sie für sie beteten.

Am Pfingstsonntag 1981 kam ihre Tante zu ihr, um ihr einige der Briefe vorzulesen, in denen Menschen schrieben, dass sie für ihre Heilung beteten. Während Barbara dem Inhalt lauschte, meinte sie, hinter sich eine Männerstimme zu vernehmen: „Mein Kind, steh auf und geh umher!" Doch als sie sich umblickte, war da kein Mann in ihrem Zimmer. Als sie sah, dass Barbara unruhig wurde, verschloss eine ihrer Freundinnen das Ventil auf dem Luftröhrenschnitt, damit sie sprechen konnte. „Ich weiß nicht, was ihr davon halten werdet", sagte Barbara, „aber Gott hat mir gerade gesagt, ich soll aufstehen und umhergehen. Ich weiß genau, dass er das wirklich getan hat! Holt schnell meine Familie. Ich will, dass sie dabei ist!"

Ihre Freundinnen liefen hinaus und riefen die Familie.

Was danach geschah, beschrieb ihr Arzt Dr. Thomas Marshall mit den Worten: „Babs sprang buchstäblich aus dem Bett und entfernte den Sauerstoffschlauch. Sie stand auf Beinen, die sie seit Jahren nicht mehr getragen hatten. Sie konnte wieder sehen und hatte keine Atemnot mehr, auch nicht ohne Sauerstoff. Die Kontraktionen der Muskeln und Gelenke waren weg und sie konnte Arme und Beine frei bewegen."

An diesem Abend besuchte Barbara einen Lobpreisgottesdienst in der *Wesleyan Church in Wheaton*. Als sie den Mittelgang entlangschritt, begannen die Leute zu klatschen, und dann, als hätte ein Chorleiter sie angeleitet, sangen alle gemeinsam „Amazing Grace".[4]

Jesus hatte das vollbracht. Er bewirkte das Wunder. Er griff ein. Aber Barbara musste den nötigen Glauben aufbringen: Sie musste aufstehen und gehen.

Und das müssen Sie auch. Das muss *ich* auch.

Nachdem ich diese Geschichte in unserer Gemeinde erzählt hatte, schrieb mir ein Gottesdienstbesucher einen Brief. Er erinnerte sich an eine Karfreitagspredigt, die ich einmal gehalten hatte. Es ging darin um eine Grundschullehrerin, die ihre Schüler bat, Dinge aufzuschreiben, die sie nicht tun konnten. Anschließend legten sie die Listen in eine Schachtel und vergruben sie auf dem Schulhof. Und als sie die Dinge weglegten, die sie nicht tun konnten, machten sie Platz für die Dinge, die sie zu tun vermochten.

Der Verfasser des Briefes erinnerte sich nun an diese Predigt. Er berichtete, dass seine Frau ein paar Monate vor jenem Karfreitag verstorben war. Am Osterwochenende spürte er seine Trauer sehr intensiv. Seine Frau hatte vor ihrem Tod noch einige Mohnsamen in den Rasen gesät, die aber nicht aufgegangen waren.

Er beschloss, die Fläche, die für die Mohnblumen vorgesehen gewesen war, anders zu nutzen. Er ging nach Hause und erstellte eine Liste mit all den Dingen, die ihm nicht gelingen wollten. Dingen wie „Ich kann nicht über Janelles Tod hinwegkommen", „Ich kann nicht mehr lieben", „Ich kann nicht wieder zur Arbeit gehen". Am Samstagmorgen vergrub er die Liste in der Erde, in der sich die Mohnsamen befanden. In seinem Brief an mich schrieb er: „Die Last war weg. Ich verspürte eine unerklärliche Erleichterung und tiefen Frieden."

Was als Nächstes geschah, beschrieb er folgendermaßen:

„Am nächsten Morgen – es war der Ostersonntag – beschloss ich, zu meiner kleinen ‚Grabstätte' zu gehen, in der ich die ‚Ich kann nicht'-Liste vergraben hatte. Ich wollte nachdenken und ein kurzes Gebet sprechen. Doch als ich die Stelle erreichte, war ich völlig überrascht. Eine einzelne Mohnblume hatte über Nacht den Rasen durchbrochen und wiegte sich jetzt blühend in der leichten Brise! Ich war von Ehrfurcht erfüllt!"[5]

Gott gab dem Witwer neue Hoffnung. Er heilte den Körper von Barbara Snyder.

Was wird Gott für Sie tun? Ich kann es nicht sagen. Niemand, der ehrlich ist, würde je behaupten, ein Wunder vorhersagen zu können. Gottes Hilfe steht uns immer zur Verfügung – aber sie richtet sich immer auf etwas Konkretes. Es steht uns nicht zu, zu sagen, *was* Gott tun wird. Aber wir dürfen darauf vertrauen, *dass* er etwas tun wird. Und wir müssen dann nur eines tun: aufstehen, unsere Matte nehmen und losgehen.

Jesus meint es ernst, wenn er uns an diesem Punkt herausfordert. Als er den geheilten Mann im Tempel traf, sagte er zu ihm: „Du bist jetzt gesund. Nun höre auf zu sündigen, damit dir nicht noch etwas Schlimmeres widerfährt" (Johannes 5,14).

Trägheit ist eine Sünde. Stillstand und Untätigkeit sind nicht in Gottes Sinn.

Schluss mit Bethesda. Sie müssen nicht länger Tag für Tag mit der gleichen aussichtslosen Situation leben. Gott hat den Leerlauf in Ihrem Getriebe deaktiviert. Er ist ein Gott, der vorwärtsgeht. Ein Gott, der in die Zukunft blickt. Er ist in der Lage, ein neues Kapitel mit Ihnen zu schreiben.

Der Mann in Johannes' Geschichte hatte 38 Jahre gewartet, aber er beschloss dann doch, die Gelegenheit zu nutzen. Er hätte sich auch drücken können. Das hätte ich zumindest erwartet.

Wenn man sich seine Erklärung anhört, könnte man meinen, er hätte nicht wirklich etwas dagegen, für immer dort festzusitzen. Aber die Gegenwart von Jesus, seine Worte und seine Autorität überzeugten ihn davon, keinen Tag länger zu warten.

Folgen wir seinem Beispiel. Fragen auch Sie Gott doch einmal: „Welche Schritte kann ich heute gehen? Was würde mich in eine bessere Zukunft führen?“ Fragen Sie so lange weiter, bis Sie eine Antwort bekommen. Und wenn Sie eine bekommen, dann handeln Sie. Stehen Sie auf, packen Sie Ihre Sachen und gehen Sie los.

Kapitel 5

Wir können das schaffen!

Die Geschichte, die ich gleich erzählen werde, beweist, dass ich zu einer gesellschaftlichen Minderheit gehöre. Jüngere Leser werden mir nicht glauben und sie für eine Übertreibung halten. „So alt ist doch keiner", werden sie argwöhnen. „Niemand, der heute noch lebt, kann sich an diese Zeit erinnern." Zu ihren Freunden, die abgewetzte Jeans tragen und über und über mit Tattoos bedeckt sind, werden sie sagen: „Es gibt heute bestimmt niemanden mehr, der sich noch an den Tag erinnern kann, an dem die erste E-Mail verschickt wurde."

Aber Gott ist mein Zeuge: Ich lebe noch, ich war dabei, und ich erinnere mich daran.

Es war im letzten Jahrzehnt des 20. Jahrhunderts. Bill Clinton hatte noch ein paar schwarze Haare. In Autoradios konnte man noch Kassetten abspielen. Und ich ging damals davon aus, E-Mails seien nur eine Modeerscheinung. Sie würden ähnlich schnell verschwinden wie diese Springspiralen, die die Treppe herunterhüpfen, und die Wasserrutschmatten für den Garten. (Bei diesen beiden Dingen lag ich übrigens auch daneben.) *Welcher vernünftige Mensch würde nüchterne E-Mails schicken, wenn man auch handgeschriebene Briefe versenden kann?*, dachten meine Freunde und ich.

Was ich ihnen nicht gestand und nun zum ersten Mal öffentlich bekenne, ist, dass die Welt der Computer mich schier überwältigte. Sie machten mir Angst. Sie schüchterten mich etwa genauso ein, wie New York ein Landei wie mich. Computer – das war Beethovens Fünfte, und ich klimperte gerade mal den Flohwalzer. Die moderne Technik war der Pazifische Ozean und ich nur ein kleiner Fisch. Und trotzdem wurde ich hineingeworfen.

Ich ging eines Abends in einer Welt voller Notizzettel schlafen, und als ich am nächsten Morgen erwachte, befand ich mich in einer papierlosen Gesellschaft, von der die Fortschrittlichen unter den Gemeindemitarbeitern schon seit Monaten geträumt hatten.

„Überleg doch mal", sagten sie immer, „du bewegst den Cursor, klickst mit der Maus, und schon ist die Nachricht verschickt."

Ich war ein echter Computer-Analphabet und dachte, ein Cursor wäre eine Person, die flucht[1], ein Rechner wäre ein Mathegenie und Surfen ein Wassersport. Ein Keyboard war für mich ein Tasteninstrument und eine Maus ein Nagetier, für das man lieber eine Falle aufstellt. Und ein Monitor? Das war jemand, der ein Auge auf andere hatte. Bei uns im College gab es damals einen. Er hieß Norman.

Woher sollte ich wissen, dass auch „Schnittstelle" ein Computer-Begriff war? Für mich war damit eine Wunde gemeint, die man sich zuzog, wenn einem das Küchenmesser ausrutschte, und die man schnellstens mit einem Pflaster versorgen sollte. Tut mir leid, dass ich Sie eher an einen Dinosaurier erinnere, aber ich hatte damals wirklich Angst. Ich passte in die Welt der Computer in etwa so gut wie ein Toaster in einen Amisch-Haushalt. Ich wusste nicht, wo ich anfangen sollte, wie ich mich verhalten sollte oder welche Fragen ich stellen sollte.

Ich denke, man kann sagen, ich war überwältigt.

Sie kennen dieses Wort bestimmt auch. Und Sie kennen dieses Gefühl. Sie kennen diese lähmende Angst, die einen ergreift, wenn man völlig überfordert ist. Mit Informationen, mit Veränderungen und Entscheidungen. Wenn der Schmerz zu groß ist, um ihn zu ertragen, der Berg zu hoch, um ihn zu besteigen, und die hungrige Menge zu groß, um allen etwas zu essen zu geben.

Zumindest ist das genau das, was die Jünger Jesus erzählten.

> *Danach ging Jesus auf die andere Seite des galiläischen Meeres, das auch als See von Tiberias bekannt ist. Eine große Menschenmenge folgte ihm, weil sie seine Wunder sahen, mit denen er die Kranken heilte. Jesus stieg in die Berge hinauf und lagerte dort mit seinen Jüngern. Es war kurz vor dem jährlichen Passahfest, das die Juden feiern* (Johannes 6,1–4).

Johannes ist so nett und erwähnt, dass das Passahfest bevorsteht, womit er uns eine zeitliche Orientierung gibt. Das Passahfest fand im Frühling statt. Die kalten Winterwinde wichen den warmen Frühlingsbrisen. Die Wildblumen begannen zu blühen. An dieser Stelle geht es um das erste von drei Passahfesten, die Johannes in seinem Evangelium erwähnt. Schon zwei Jahre später würde Jesus sein letztes Abendmahl in dem im oberen Stockwerk gelegenen Raum feiern.

Für die Juden war das Passahfest ein Fest der Möglichkeiten, eine glückliche Erinnerung an den Auszug aus Ägypten und die Befreiung aus der Sklaverei. Das Fest machte Lust auf eine Wiederholung dieser Erfahrung. Würde der Wunder vollbringende Nazarener sie befreien? Mose hatte die Israeliten damals ins verheißene Land geführt – würde Jesus für sie heute das Gleiche tun? Sie hofften es. Sie hatten die Wunder gesehen, die er vollbrachte.

Sie wussten von den Heilungen und sie kannten seine Lehren. Sie folgten ihm um den See Genezareth.

Irgendwann merkte Jesus, dass die Menge hungrig wurde. Sie hatten nichts zu essen in ihren Beuteln. Es gab keine Imbissstände oder Geschäfte, in denen sie sich etwas hätten kaufen können. Diese 15 000 oder mehr Menschen (5000 Männer plus Frauen und Kinder) hatten Hunger.

Als Jesus seinen Blick hob, sah er eine große Menschenmenge auf der Suche nach ihm die Berge heraufkommen. Er wandte sich an Philippus und fragte: „Philippus, wo können wir so viel Brot kaufen, dass all diese Menschen zu essen bekommen?“
Er stellte Philippus jedoch nur auf die Probe, denn er wusste schon, was er tun würde.
Philippus antwortete: „Es würde ein kleines Vermögen kosten, sie mit Nahrung zu versorgen!“
Ein anderer Jünger, Andreas, der Bruder von Simon Petrus, meldete sich zu Wort: „Hier ist ein kleiner Junge mit fünf Gerstenbroten und zwei Fischen. Doch was nützt uns das bei so vielen Menschen?“ (Johannes 6,5–9).

Philippus war ein Pragmatiker. Als er sich umblickte, sah er ein Meer von Gesichtern. Er hörte das Gemurmel, ahnte, dass ihnen die Mägen knurrten, und antwortete, ohne zu zögern: „Wir haben das, was wir brauchen, um diese Herausforderung zu bewältigen, einfach nicht. Uns fehlt das nötige Kleingeld. Unser Budget reicht nicht aus. Es übersteigt unsere Möglichkeiten. Es sind zu viele Münder und wir haben zu wenig Geld.“

Bitte beachten Sie, dass in diesen Versen dreimal erwähnt wird, wie viele Menschen es waren.

1. Zunächst die Aussage: „Als Jesus seinen Blick hob, sah er *eine große Menschenmenge*“ (Vers 5).
2. Dann die Frage von Jesus: „Wo können wir so viel Brot kaufen, dass *all diese Menschen* zu essen bekommen?“ (Vers 5).
3. Andreas' Idee, das Essen des Jungen zu verwenden, und sein eigener Einwand: „Doch was nützt uns das bei *so vielen Menschen?*“ (Vers 9).

Jesus sah „eine große Menschenmenge“. Dann fragte er, wie „all diese Menschen“ zu essen bekommen sollten. Philippus sah keine Möglichkeit angesichts ihrer begrenzten Ressourcen. Andreas hatte eine Idee, aber verwarf seinen Vorschlag in Anbetracht der „vielen Menschen“.

Was ist Ihre Version von „all diese Menschen“?

Vielleicht etwas ganz Unspektakuläres wie „all diese Windeln“, „all diese Hausarbeit“ oder „all diese langen Arbeitstage“. Vielleicht ist es aber auch etwas richtig Schlimmes wie „all diese Dialysen“, „all diese depressiven Gedanken“ oder „all diese Rechnungen“.

Was auch immer es ist: Sie brauchen mehr, als Sie haben, und fühlen sich hoffnungslos wie Philippus und überfordert wie Andreas.

Wir würden uns wünschen, dass die Jünger ein bisschen mehr Glauben gehabt hätten. Wiederholt hatten sie erlebt, dass Wasser in Wein verwandelt wurde oder ein Lahmer wieder gehen konnte. Deshalb würden wir an dieser Stelle gern mehr Mumm sehen, mehr Mut. Einfach ein bisschen mehr Glauben, nach dem Motto: „Wir können es nicht, aber du schon, Jesus!“ Doch Philippus und Andreas und all die anderen, die sich nicht zu dieser Situation äußerten, hatten keine Vision. Sie zählten die hungrigen Menschen, das Geld in ihren Taschen und die Menge an Brot und Fisch. Wen sie aber nicht in ihre Kalkulation einbezogen, war Jesus.

Dabei stand er direkt bei ihnen! Näher hätte er ihnen wohl kaum sein können. Sie konnten ihn sehen, hören, anfassen, vielleicht sogar riechen. Trotzdem kamen sie nicht auf die Idee, ihn um Hilfe zu bitten.

Nichtsdestotrotz schritt Jesus sofort zur Tat.

> *„Sagt den Leuten, sie sollen sich hinsetzen", befahl Jesus. Da ließen sich alle – allein die Männer zählten schon fünftausend – auf den grasbewachsenen Hängen nieder. Dann nahm Jesus die Brote, dankte Gott und reichte sie den Menschen, wie viel sie auch wollten. Ebenso machte er es mit den Fischen. Und alle aßen, bis sie satt waren. „Sammelt die Reste wieder ein", wies Jesus seine Jünger an, „damit nichts umkommt." Am Anfang waren es nur fünf Gerstenbrote gewesen, doch nach dem Essen wurden zwölf Körbe mit den Brotresten gefüllt, die übrig geblieben waren!* (Johannes 6,10–13).

Ich stelle mir vor, wie die Menschen sich anschließend ausstreckten und sich räkelten und es sich auf der grünen Grasfläche gemütlich machten. Sie waren so zufrieden, dass ihnen zu ihrem Glück nur noch ein Nickerchen fehlte. Diejenigen, die sich nicht hingelegt hatten, pulten die Essensreste aus ihren Zähnen. Es wurde ordentlich gerülpst. Hungrige Bäuche wurden zu gefüllten Bäuchen. Es gab so viel Essen, dass zwölf Körbe mit Resten übrig blieben. (Vielleicht einer als Erinnerung für jeden Jünger, der gezweifelt hatte?)

Jesus schaffte es, die unfassbare Herausforderung zu meistern und all diese Menschen zu versorgen. Am nächsten Tag stand in den Schlagzeilen des *Galiläischen Tageblatts* wahrscheinlich zu lesen: „Festmahl für Tausende!" Und im Untertitel: „Jesus tat, was niemand für möglich gehalten hatte – genau wie damals bei der Hochzeit." Ist das nicht auch die Hauptbotschaft des Evangeliums? Was wir nicht tun können, tut Jesus!

Die Probleme, mit denen wir konfrontiert sind, eröffnen Jesus die Möglichkeit, genau das unter Beweis zu stellen.

Wenn Sie Ihre Probleme nur als Stolpersteine betrachten, die Ihnen das Leben in den Weg legt, werden Sie über kurz oder lang bitter und wütend. Doch wenn Sie erkennen, dass Ihre Schwierigkeiten Ihnen die Möglichkeit geben, Gott zu vertrauen und daran zu glauben, dass er das Wenige vermehren kann, das Sie ihm zur Verfügung stellen, bekommen auch die kleinsten Vorfälle Bedeutung. Sind Ihre Probleme so riesig wie die Herausforderung, vor der die Jünger angesichts der 15 000 hungrigen Menschen standen? Bevor Sie Ihr Geld, Ihr Brot und Ihre Fische zählen und zu dem Ergebnis kommen, dass Sie sie niemals in den Griff bekommen werden, schauen Sie auf denjenigen, der neben Ihnen steht! Zählen Sie auf Jesus. Er kann Ihnen helfen, das Unmögliche zu schaffen. Sie müssen ihm nur das bringen, was Sie haben, und können dann zusehen, wie er Wunder verbringt.

„Jesus nahm die Brote" (Johannes 6,11). Das hätte er nicht tun müssen. Er hätte auch die umstehenden Büsche in Obstbäume verwandeln können. Er hätte Unmengen von Fischen aus dem See Genezareth herausrufen können. Als die Israeliten die Wüste durchquerten, ließ Gott Manna vom Himmel fallen. Jesus hätte das gleiche Wunder noch einmal vollbringen können. Stattdessen griff er auf das zurück, was im Korb des kleinen Jungen lag.

Was liegt in Ihrem „Korb"?

Sie haben nur ein halbherziges Gebet? Geben Sie es ihm. Ihre Fähigkeiten sind begrenzt? Nutzen Sie sie trotzdem. Sie haben nichts als eine Entschuldigung anzubieten? Dann sprechen Sie sie aus. Ihre Kraft reicht nur noch für einen weiteren Schritt? Gehen Sie ihn trotzdem. Wir müssen Jesus gar nicht erst sagen, dass unsere „Gabe“ zu klein ist. Gott kann auch aus kleinen Dingen etwas Großes bewirken. Gott benutzte das Wimmern des kleinen Mose, um das Herz der Tochter des Pharaos zu erweichen. Er nutzte das schwache Gedächtnis eines ehemaligen Häftlings, um Josef aus dem Gefängnis zu befreien und ihn zum Palast zu bringen. Er benutzte Davids Stein und Schleuder, um den großen Goliath zu Fall zu bringen. Er nutzte drei Nägel und ein einfaches Kreuz, um die Menschheit zu erlösen.[2] Wenn Gott einen Korb mit Essen in ein Festmahl verwandeln kann und sogar noch Reste übrig bleiben, denken Sie dann nicht, dass er auch mit dem bisschen etwas tun kann, das Sie ihm anvertrauen – selbst wenn Ihr Glaube nicht mehr ist als fünf Brote und zwei Fische?

Biddy Chambers war jedenfalls davon überzeugt. Niemand hätte sie dafür kritisiert, wenn sie aufgegeben hätte. Niemand hätte schlecht von ihr gedacht, wenn sie resigniert hätte.

Gott hatte ihr den Auftrag gegeben, gemeinsam mit ihrem Ehemann eine Bibelschule zu leiten. Die beiden lernten sich 1908 kennen und heirateten zwei Jahre später. Sie lebten damals in London und taten alles dafür, ihren Traum von einer Bibelschule zu verwirklichen. Sie kauften ein großes Haus und richteten Zimmer für Schüler und für Missionare ein, die auf Heimaturlaub waren. Biddy, die eine gelernte Stenografin war, schrieb gewissenhaft die Vorlesungen ihres Mannes mit und verfasste anhand dieser Unterlagen Fernlehrgänge.

Zu Beginn des Ersten Weltkrieges hatte ihr Mann den Eindruck, Gott berufe ihn dazu, sich um Soldaten zu kümmern, die in Ägypten stationiert waren. Daraufhin zog er gemeinsam mit seiner Frau und ihrer damals zweieinhalb Jahre alten Tochter in den Nahen Osten, wo er als Militärpfarrer arbeitete. Ihr bisheriger Dienst ging in gewisser Weise weiter: Er lehrte, sie schrieb nieder. Er unterrichtete, sie hielt seine Botschaft fest. Ihre Zusammenarbeit war schier perfekt. Dann kam der Rückschlag. Ihr Mann bekam eine schwere Blinddarmentzündung und starb im Alter von 43 Jahren. Biddy begrub ihn in Ägypten und kehrte nach London zurück, wo sie sich der Frage stellen musste, wie sie weiter mit ihrem Mann zusammenarbeiten konnte, obwohl er nun tot war? Ihr Traum vom einer Bibelschule war geplatzt, oder?

Nein. Biddy beschloss, Gott ihre „Brote und Fische“ zur Verfügung zu stellen. Sie machte es sich zur Aufgabe, aus den Notizen ihres Mannes Flugblätter zusammenzustellen und sie an seine Freunde und Bekannten zu senden. Schließlich wurden diese auch in einem Buch zusammengefasst. 1927 erschien einer der größten christlichen Klassiker überhaupt: *My Utmost for His Highest – Mein Äußerstes für sein Höchstes*.[3]

Niemand hätte damals ahnen können, welche Auswirkungen dieses Buch auf seine Leserinnen und Leser haben würde. Menschen wie Billy Graham, Bill Bright und Henrietta Mears waren begeistert. Bill Wilson und Bob Smith, die Gründer der Anonymen Alkoholiker, lasen zu Beginn ihrer Treffen regelmäßig Ausschnitte aus dem Buch vor. Und auch der ehemalige US-Präsident George W. Bush suchte in dem Buch nach Inspiration.[4] Es wurde seither mehr als 13 Millionen Mal verkauft und in 39 Sprachen übersetzt. Das war mit Sicherheit mehr, als Oswald Chambers je zu hoffen gewagt hatte. Aber es war der aufrichtige Glaube seiner Frau Biddy, der dazu beitrug, dass es Wirklichkeit wurde.

Sie stellte Jesus alles zur Verfügung, was sie hatte, und dieser versorgt damit seit 1924 unzählige Menschenmengen.

Lassen Sie uns ihrem Beispiel folgen.

Erinnern Sie sich daran, wer neben Ihnen steht, wenn Sie sich das nächste Mal hoffnungslos fühlen. Sie sind nicht allein. Sie sind nicht hilflos. Was Sie aus dem Gleichgewicht bringt, kann ihn nicht erschüttern. Ihr unüberwindlicher Berg ist für ihn nicht mehr als Kieselstein. Ihrem Problem steht er nicht ratlos gegenüber. Wenn Sie mit einer Bitte zu ihm kommen, wird er sich nie an einen Engel wenden und sagen: „Jetzt ist es doch passiert. Jemand hat mir ein Rätsel gestellt, das ich nicht lösen kann. Die Anforderung ist zu groß, selbst für mich."

Sie fühlen sich von einer Herausforderung vielleicht überwältigt. Er nicht. Stellen Sie ihm das zur Verfügung, was Sie haben, danken Sie ihm, und schauen Sie zu, wie er sich der Sache annimmt. Die Liste der Segensgeschenke, mit denen er Sie überhäuft, wird so lang sein, dass Sie eine neue Festplatte kaufen müssen, um sie alle abspeichern zu können.

Kapitel 6

„ICH BIN mit dir im Sturm“

Die stürmischste Zeit meines Lebens erlebte ich, als ich zwölf war. Ich war alt genug, um Baseball und Football zu spielen und Rad zu fahren. Ich war alt genug, um mich in ein Mädchen zu verlieben, eine Flasche Aftershave zu besitzen und den Unterschied zwischen einem Verb und einem Adverb zu kennen. Aber ich war nicht alt genug, um das zu verarbeiten, was ich in diesem Jahr erlebte: Ich wurde von einem erwachsenen Mann sexuell belästigt.

Er trat unter dem Deckmantel eines Mentors in mein Leben. Er freundete sich mit einigen Familien in unserer Kleinstadt an. Ich habe ihn als witzig, charmant und großzügig in Erinnerung. Was wir nicht wussten – was *niemand* wusste –, war, dass er eine Vorliebe für kleine Jungs hatte.

Er lud uns zum Burger-Essen zu sich nach Hause ein. Wir unternahmen Ausflüge in seinem Truck. Er nahm uns mit auf die Jagd und wir gingen zusammen wandern. Er beantwortete bereitwillig unsere Fragen über das Leben, die Liebe und Mädchen. Er besaß die Art von Zeitschriften, die mein Vater mir verbot. Er tat Dinge und brachte uns dazu, Sachen zu tun, die ich an dieser Stelle nicht weiter ausführen möchte und bis heute nicht vergessen kann.

Ein Campingwochenende war in dieser Hinsicht besonders widerwärtig. Er fuhr mit fünf von uns in seinem Wohnmobil auf einen Zeltplatz. Neben seinen Zelten und Schlafsäcken hatte er auch ein paar Flaschen Whiskey im Gepäck. Er trank sich an diesem Wochenende durch seinen Vorrat und suchte jeden von uns in unserem Zelt auf.

Er schärfte uns ein, unseren Eltern nichts davon zu erzählen, und meinte, wir trügen selbst die Schuld an seinem Verhalten. Er ließ uns schwören, dichtzuhalten, und versicherte uns, dass wir so keinen Ärger bekämen.

Was für ein Mistkerl.

Als ich an diesem Sonntagnachmittag nach Hause kam, fühlte ich mich schmutzig und beschämt. Ich hatte den Abendmahlsgottesdienst am Morgen verpasst, aber wenn ich je das Abendmahl gebraucht hatte, dann an diesem Tag. Also feierte ich es mit mir ganz allein. Ich wartete, bis meine Eltern ins Bett gegangen waren, und ging in die Küche. Ich fand keine Cracker, aber Kartoffeln, die vom Mittagessen übrig geblieben waren. Saft fand ich ebenfalls nicht, also nahm ich einfach Milch. Ich legte die Kartoffeln auf einen kleinen Teller, schüttete die Milch in ein Glas und feierte die Kreuzigung Jesu und die Erlösung meiner Seele.

Können Sie sich die Situation vorstellen? Ein sommersprossiger Junge im Schlafanzug, rote Haare, frisch gebadet. Er steht an der Spüle, bricht die Kartoffel in Stücke, nimmt einen Schluck Milch und empfängt die Gnade seines Retters.

Was dem Sakrament an liturgischer Korrektheit mangelte, wurde durch meine innere Haltung wettgemacht. Jesus begegnete mir in diesem Moment. Ich spürte ihn, seine Liebe, seine Gegenwart. Fragen Sie mich nicht, woher, aber ich wusste einfach, dass er da war.[1]

Mein Sturm war heftig, aber mein Herr war mir nah. Und ich lernte eine Lektion, die ich nie vergessen habe: Jesus kommt mitten in einer Sturmflut zu uns.

Wir alle werden Stürme erleben. Niemand kommt ganz ungeschoren davon. Früher oder später wird sich der Himmel verdunkeln, ein Sturm kommt auf, und wir werden von unseren ganz persönlichen galiläischen Fallwinden heimgesucht werden.

> *Am Abend gingen seine Jünger zum Ufer hinunter, um dort auf ihn zu warten. Doch als es dunkel wurde und Jesus noch immer nicht kam, stiegen sie ins Boot, um über den See nach Kapernaum zu fahren. Da überraschte sie auf dem See ein Sturm, der das Wasser aufpeitschte* (Johannes 6,16–18).

Die Jünger verloren nicht nur die Kontrolle über das Boot, das zu sinken drohte, sondern auch ihre Hoffnung. Ihre Kleider waren durchnässt, ihre Kehlen heiser, ihre Augen weit aufgerissen.

Sie suchten den Himmel ab. Die Wolkendecke musste doch irgendwann aufreißen. Sie starrten auf das aufgewühlte Wasser und klammerten sich zitternd am Boot fest. Sie schrien zu Gott und flehten um Hilfe. Doch die Antwort blieb aus.

Wenn doch nur Jesus mit ihnen im Boot wäre! Oder wenn er ihnen geraten hätte, am Ufer zu bleiben. Aber er war nicht bei ihnen, sondern hatte sie angewiesen, ans andere Ufer überzusetzen (nachzulesen in Matthäus 14,22). Sie steckten in einer echten Krise.

Die Jünger waren auch mit Sicherheit völlig erschöpft. „Sie waren etwa fünf Kilometer weit gekommen" (Johannes 6,19). Unter guten Bedingungen legt ein Boot in einer halben Stunde anderthalb Kilometer zurück. Aber angesichts von Wind und Wellen?

Im Markusevangelium wird berichtet, dass sie bei Sonnenuntergang ablegten und um drei Uhr morgens immer noch am Rudern waren (Markus 6,48)! Diese Bootstour war kein entspanntes Dahindümpeln in ruhigen Gewässern. Sie war eine halsbrecherische, kraftraubende, Furcht einflößende Fahrt durch die aufgewühlten Wellen. Ich bin sicher, dass die Männer einander immer wieder zuriefen:

„Ich kann nicht mehr!"

„Wir werden alle sterben!"

Matthäus beschreibt den Sturm anschaulich: Das Boot war „weit vom Ufer entfernt und war in schweren Seegang geraten, denn ein starker Wind war aufgekommen" (Matthäus 14,24). Die Jünger waren zu weit vom rettenden Ufer entfernt, sie kämpften schon zu lange, das kleine Boot war den meterhohen Wellen hilflos ausgeliefert.

Und Jesus war nirgends zu sehen. Haben Sie schon mal einen gefährlichen, unheilvollen, entfesselten Sturm erlebt, in dem Sie sich von Gott verlassen fühlten?

Zu weit entfernt vom Ufer. Zu weit entfernt von einer Lösung.

Zu lange schon am Kämpfen. Zu lange vor Gericht. Zu lange im Krankenhaus. Zu lange ohne einen guten Freund.

Zu klein für die meterhohen Wellen. Zu machtlos und allein.

Der Sturm hatte die Jünger fest im Griff.

Und Stürme können auch unser Leben fest im Griff haben. So wie wir keine Kontrolle über die Stürme in der Natur haben, haben wir auch keine Kontrolle über die Stürme des Lebens. Vielleicht möchten Sie ja Ihre Ehe retten, aber wenn Ihr Partner oder Ihre Partnerin nicht mitzieht, wird Ihnen das nicht gelingen. Sie versuchen vielleicht, zu einem rebellischen Kind durchzudringen, aber Sie wissen nicht, ob Ihnen das auch gelingt. Sie können sich nach Kräften um Ihre Gesundheit bemühen, aber gegen eine

Pandemie sind Sie machtlos. Stürme brechen oft völlig unerwartet über uns herein. Und manchmal kommt es uns so vor, als würden sie nie enden.

Doch dann geschieht das Unvorstellbare. „Sie waren etwa fünf Kilometer weit gekommen, als sie plötzlich Jesus übers Wasser auf ihr Boot zukommen sahen. Sie erschraken fürchterlich" (Johannes 6,19).

In Johannes' Bericht geht es vielleicht ein bisschen schnell für unseren Geschmack. Wir wünschen uns weitere anschauliche Beschreibungen, mehr Erläuterungen. An dieser Stelle bietet sich das geradezu an. *Warte einen Moment, Johannes. Beschreib diesen Augenblick doch mal ein bisschen näher, bevor du die Geschichte weitererzählst. Menschen laufen nicht auf dem Wasser! Sie laufen über Felsen, Kies und Sand. Aber Wasser? Wehte der Wind Jesus die Haare aus dem Gesicht? Lief er auf der Wasseroberfläche oder umspülte das Nass schon seine Knöchel? War sein Gewand feucht? Johannes liefert uns an dieser Stelle keine Details, nur die nüchterne Feststellung: Sie sahen „Jesus über das Wasser auf ihr Boot zukommen".*

Und das ist auch alles, was wir wissen müssen. Bevor Jesus den Sturm stillt, kommt er in den Stürmen unseres Lebens zu uns.

Er sagt zu uns, was er auch zu den Jüngern sagte: „Ich bin es! Habt keine Angst" (Johannes 6,20).

Wörtlich übersetzt sagte Jesus sogar: „Ich bin; habt keine Angst." ICH BIN ist Gottes Name. Wenn Gott eine Visitenkarte hätte, würde darauf stehen: ICH BIN. Seit der Geschichte von Mose und dem brennenden Busch nennt sich Gott „ICH BIN" (2. Mose 3,14). Ein Name, der Beständigkeit und Stärke ausdrückt. Wenn wir uns fragen, ob Gott uns zu Hilfe kommt, antwortet er mit seinem Namen: „ICH BIN!" Wenn wir uns fragen, ob er fähig ist, uns zu helfen, dann verkündet er: „ICH BIN." Wenn wir nichts als Dunkelheit sehen, nichts als Zweifel spüren und uns fragen, ob Gott in der Nähe ist und aufpasst, dann tröstet uns Jesus mit der Antwort: „ICH BIN!"

Halten Sie einen Moment inne, und lauschen Sie einmal darauf, wie er Ihnen seinen Namen sagt. Was Sie am dringendsten brauchen, ist seine Gegenwart. Ja, Sie wollen, dass dieser Sturm vorüberzieht. Sie wollen, dass der Wind sich legt. Aber was Sie vor allem wollen und brauchen, ist etwas anderes: die tiefe, unerschütterliche Gewissheit, dass der große ICH BIN Ihnen nah ist.

> *Hab keine Angst, ich habe dich erlöst. Ich habe dich bei deinem Namen gerufen; du gehörst mir. Wenn du durch Wasser gehst, werde ich bei dir sein. Ströme sollen dich nicht überfluten! ... Denn ich bin der Herr, dein Gott, der Heilige Israels, dein Heiland ... Fürchte dich nicht, denn ich bin bei dir* (Jesaja 43,1–3.5).

Wir wünschen uns vermutlich alle, dass niemals Stürme über unserem Leben aufziehen. Oder wenn doch einmal ein Sturm aufkommt, dann soll er nicht zu heftig sein und schnell vorübergehen. Wenn Sie auf Ihre Bewerbung eine Absage bekommen, finden Sie vielleicht einen anderen Job, der besser zu Ihnen passt. Der Streit mit Ihrem Partner geht vorüber und Sie und Ihre Frau sind sich näher als je zuvor.

Manchmal läuft es so.

Manchmal aber auch nicht. Manchmal stecken wir bis zum Hals in Schwierigkeiten und sehen einfach keinen Ausweg. Dann will Jesus, dass wir uns an seinen Namen erinnern und hören, wie er sagt: „ICH BIN auf dem Weg."

Diese Erfahrung haben auch die Jünger gemacht. Sie erreichten das Ziel in dem Augenblick, als sie Jesus ins Boot nahmen. „Sie beeilten sich, ihn ins Boot zu holen, und schon war das Boot am Ufer angekommen!" (Johannes 6,21).

Folgen Sie dem Beispiel der Jünger. Laden Sie Jesus in Ihren Sturm ein.

Lassen Sie sich von dem Sturm nicht unterkriegen. Lassen Sie sich von ihm näher zu Jesus tragen.

Am 21. April 2008 erlitt Katherine Wolfe einen schweren Schlaganfall. Sie überlebte diesen, war aber nicht länger in der Lage, zu gehen, deutlich zu sprechen und ein eigenständiges Leben zu führen. Früher war sie über die Laufstege geschritten, jetzt war sie an einen Rollstuhl gefesselt. Sie musste elf Operationen über sich ergehen lassen und kämpfte tagtäglich darum, ihre Kraft zurückzugewinnen. Mehr als einmal war sie kurz davor aufzugeben. So ging es ihr auch am Tag vor Thanksgiving, sieben Monate nach dem Beginn ihrer Tortur. Sie schreibt:

> *Die Verzweiflung drohte mich zu überwältigen, als ich sah, wie Jay* [ihr Ehemann] *und seine Schwestern mit James* [ihrem Baby] *spielten. Sie hoben ihn hoch und liefen mit ihm im Kreis herum. Sie lachten laut, während ich kaum meinen Kopf hochhalten konnte, weil mein Hals noch nicht stark genug war.*
> *Ich fragte mich: „Hat Gott einen Fehler gemacht? ... Vor Kurzem habe ich noch in unserer kleinen Küche Lasagne zubereitet, und jetzt bekomme ich die Mahlzeiten durch einen Schlauch direkt in meinen Magen gepumpt ... Statt schicker Outfits trage ich Windeln für Erwachsene und Krankenhaushemden ... Wenn ich doch schon im Himmel wäre. Dann würde ich wenigstens niemandem mehr zur Last fallen."*

Ihr Verlust hätte kaum gravierender sein können. Von einem Moment auf den anderen stand ihre Welt kopf. Aber als sie gerade die Hoffnung aufgeben wollte, schritt Gott ein:

Aber bevor sich diese Gedanken in meinem Kopf und meinem Herzen festsetzen konnten, wurde das Wort Gottes, das ich schon seit meiner Kindheit kannte, plötzlich ganz lebendig. Ich konnte sie fast akustisch hören, die geballte Wahrheit der Schrift, es war, als würde Gott mir eine Nachricht schicken.
„Katherine, dein Leben ist kein Fehler. ICH MACHE KEINE FEHLER. Ich weiß es besser als du. Ich bin Gott und du bist ein Mensch. Erinnere dich daran, dass du im Leib deiner Mutter herrlich und ausgezeichnet gemacht wurdest …
Das alles hat einen Sinn …
Vertraue mir. Das ALLES wird am Ende zum Guten führen. Zweifle nicht an dieser Wahrheit, nur weil es um dich herum gerade finster ist. Was im Licht wahr ist, gilt auch in der Dunkelheit.
Du allein kannst diesen Kampf nicht gewinnen. Aber das macht nichts. Du musst nur eines tun: ruhig werden und mich für dich kämpfen lassen. Ich werde das gute Werk vollenden, das ich begonnen habe, als ich dir neues Leben schenkte. Ich werde dieses Werk vollenden. Glaube daran. Ich bin ein Gott, der erlöst, wiederherstellt und neue Kraft schenkt. Diese schlimme Zeit nähert sich ihrem Ende. Du wirst eine Zeit lang leiden und dann werde ich dich von alldem befreien.
Ich habe dich erwählt. Lebe ein Leben, das dieser Berufung würdig ist.“
Als mir diese Wahrheiten bewusst wurden, geschah etwas Übernatürliches. Gott begegnete mir inmitten dieses Chaos.

Ich war schlagartig wieder ganz neu entschlossen, weiterzumachen und nicht aufzugeben. Ich fühlte mich plötzlich ganz besonders und wertvoll – trotz meiner schlimmen Schmerzen. In diesem Moment änderte sich alles für mich. Ich begegnete der Hoffnung in Person und erkannte tief in meinem Inneren, dass mein irdischer Körper nur für eine kurze Zeit mein Zuhause war. Ich würde in dieser Situation niemals wieder den Mut verlieren, denn es war nicht meine Seele, die verkümmerte. Mein Körper funktionierte bloß nicht länger. Das war alles.[2]

Versuchen Sie nicht, die Krise allein zu überstehen. Ja, Sie sollten Richtung Ziel rudern und das Wasser aus dem Boot schöpfen, aber Sie sollten vor allem eines tun: Bitten Sie Jesus, Ihr sinkendes Boot zu betreten. Vertrauen Sie darauf, dass Sie niemals allein sind. Unser Wunder vollbringender Gott sieht Sie, sorgt sich um Sie und wird Ihnen zu Hilfe kommen. Und vielleicht erreichen Sie ja Ihr Ziel so schnell, dass Sie kaum Zeit haben, sich den Regen aus dem Gesicht zu wischen.

Jesus ist auch heute noch der große ICH BIN. Wenn wir uns auf unserem ganz persönlichen See Genezareth befinden und kein Land mehr in Sicht ist, kommt er zu uns.

Hören Sie doch das nächste Mal, wenn Sie beten: *Wird mir irgendjemand zu Hilfe kommen?*, darauf, wie Jesus Ihnen antwortet: *ICH BIN mit dir im Sturm.*

Kapitel 7

Er macht die Blinden sehend

Ich dachte, meine Sehstärke sei normal. Ich nahm an, die anderen Fünftklässler sähen auch, was ich sah, wenn sie zur Tafel schauten: verschwommene Linien und ominöse Zeichen. Ich erkundigte mich nicht, ob sie den Baseball schon sahen, wenn der Werfer warf, oder den Football, wenn der Kicker den Ball trat. Ich nahm an, sie sahen die Bälle wie ich in der letzten Sekunde – kaum genügend Zeit, um den Ball zu schlagen oder zu fangen.

Ich hatte schlechte Augen. Aber das war mir nicht bewusst. Ich kannte es nicht anders.

Doch dann rief mein Lehrer meine Mutter an. Meine Mutter rief den Optiker an. Der Optiker bat mich, Buchstaben auf einer Schautafel zu lesen. Und ehe ich mich versah, reichte er mir meine erste Brille. Meine Güte, was für eine Veränderung! Von einem Augenblick auf den nächsten wurden die verschwommenen Striche scharf. Der Baseball wurde groß. Den Football konnte ich fangen.

Ich erinnere mich noch, wie sehr mich diese plötzliche Verbesserung faszinierte. Ich saß als Fünftklässler im Klassenraum von Mrs Collins, hob die Brille an und ließ sie wieder auf meine Nase gleiten. Erst sah ich alles verschwommen, dann wieder gestochen scharf. Erst waren die Gesichter verzerrt, dann wieder ganz deutlich zu erkennen. Plötzlich konnte ich *sehen*.

Genau das Gleiche erleben wir Christen. Auch wir freuen uns, dass wir plötzlich *sehen* können. Wir singen so gern das alte Loblied *Amazing Grace:* „Oh Gnade Gottes, wunderbar hast du errettet mich. Ich war verloren ganz und gar, war blind, jetzt sehe ich."[1] Blind. Wir erkannten den Sinn des Lebens nicht, verstanden das Versprechen des ewigen Lebens nicht, kannten den nicht, der wahres Leben schenkt. Aber jetzt ist unser geistliches Augenlicht wiederhergestellt. Wir könnten das, was der ehemals blinde Bettler sagte, nur zu gut verstehen: „Aber eins weiß ich: Ich war blind, und jetzt kann ich sehen!" (Johannes 9,25).

Seine Geschichte ist in gewisser Hinsicht unsere Geschichte. Vielleicht nahm sich Johannes deshalb auch so viel Zeit für seinen Bericht. Bis zu diesem Punkt hatte er sich kurzgefasst. In nur 12 Versen beschrieb er, wie Wasser zu Wein wurde. Für die Heilung am Teich von Bethesda brauchte er 15 Verse. In 14 Versen wurde die Menschenmenge gespeist und in nur 6 Versen lief der Retter auf dem Wasser. Aber als Johannes sich anschickte, die Geschichte des Blinden zu erzählen, nahm er sich alle Zeit der Welt. Er verwendete sage und schreibe 41 Verse darauf, zu beschreiben, wie Jesus auf den Blinden stieß, wie er ihn heilte und ihm auch in anderer Hinsicht die Augen öffnete.

Warum? Eine von vielen möglichen Erklärungen ist: Was Jesus in körperlicher Hinsicht für den blinden Bettler tat, möchte er in geistlicher Hinsicht für alle Menschen tun: Er will unser Sehvermögen wiederherstellen.

Aus Gottes Sicht ist unsere Erde mit Blinden bevölkert. Menschen, die blind sind vor Ehrgeiz, Stolz und Erfolg. „Denn die Menschen sehen, was ich tue, und sehen doch nicht" (Matthäus 13,13; Hfa). Sie erkennen weder den Sinn des Lebens noch wie sehr Gott sie liebt. Wie sonst können wir die schlimmen Zustände und das Chaos auf dieser Welt erklären? Wie sonst können wir Kriege, Hungersnöte und Abtreibungen erklären? Wie sonst erklären wir die steigende Selbstmordrate in den USA[2] und den wachsenden Drogenkonsum[3]?

Obwohl unsere Flugzeuge immer schneller, unsere Handys immer leistungsfähiger und die künstliche Intelligenz immer intelligenter wird, bringen wir einander mit Waffen und uns selbst mit Drogen um.

Milliarden von Menschen können einfach nicht sehen. „Der Satan, der Gott dieser Welt, hat die Gedanken der Ungläubigen so verblendet, dass sie das herrliche Licht der Botschaft nicht wahrnehmen können. Damit bleibt ihnen unsere Botschaft über die Herrlichkeit von Christus, der das Ebenbild Gottes ist, unverständlich“ (2. Korinther 4,4). Wir brauchen einen „Augenarzt“, und zwar für geistliche Dinge. Wir sind darauf angewiesen, dass Jesus für uns das tut, was er für den Mann am Straßenrand von Jerusalem tat.

„Unterwegs sah Jesus einen Mann, der von Geburt an blind war“ (Johannes 9,1). Niemand sonst sah ihn. Ja, die Jünger von Jesus bemerkten ihn wahrscheinlich schon. Sie nahmen wahr, dass er da war. Aber sie *sahen* ihn nicht.

Die Jünger sahen nur eine theologische Fallstudie. „‚Meister‘, fragten die Jünger ihn, ‚warum wurde dieser Mann blind geboren? Ist es wegen seiner eigenen Sünden oder wegen der Sünden seiner Eltern?‘“ (Johannes 9,2). Das Treffen mit dem Blinden gab ihnen die Möglichkeit, über eine theologische Frage zu philosophieren. Sie sahen nicht den Menschen, sie sahen nur ein Gesprächsthema.

Aber Jesus sah einen Mann, der von Geburt an blind war, der niemals einen Sonnenaufgang gesehen hatte, der Pink nicht von Lila unterscheiden konnte. Er lebte in einer finsteren Welt. Andere hatten in seinem Alter bereits ein Handwerk gelernt. Doch er saß am Straßenrand. Andere verdienten Geld. Er bettelte. Andere hatten guten Grund zu hoffen. Er hatte allen Grund zu verzweifeln.

Bis Jesus ihn *sah*.

Und Jesus sieht auch Sie. Das Erste, was uns diese Geschichte lehrt, ist eine wunderbare Wahrheit: Wir sind nicht unsichtbar. Wir werden nicht übersehen. Wir werden nicht abgewiesen. Vielleicht kommen wir uns hin und wieder wie der namenlose Bettler in der Menschenmenge vor, aber diese Geschichte – und Dutzende weitere – versichert uns, dass Jesus uns *sieht*, wenn wir irgendwo am Straßenrand hocken. Er ergreift die Initiative. Er tut den ersten Schritt.

> *„Es lag nicht an seinen Sünden oder den Sünden seiner Eltern", antwortete Jesus. „Er wurde blind geboren, damit die Kraft Gottes an ihm sichtbar werde. Wir alle müssen die Aufgaben dessen, der mich gesandt hat, rasch erfüllen. Denn nicht mehr lange und die Nacht bricht herein, in der niemand mehr etwas tun kann. Doch solange ich noch in der Welt bin, bin ich das Licht der Welt." Dann spuckte er auf die Erde, vermischte den Lehm mit seinem Speichel zu einem Brei und strich ihn dem Blinden auf die Augen"* (Johannes 9,3–6).

Wer hätte schon erwartet, so etwas in der Bibel zu lesen? Jesus spuckte. Ein Gebet wäre in dieser Situation angebracht gewesen. Vielleicht ein „Halleluja!". Aber wer erwartet schon, ein kehliges Spuckgeräusch zu hören? Himmlische Spucke auf der Erde? Der Gott, der Manna und Feuer vom Himmel regnen ließ, lässt seinen Speichel auf den Boden fallen. Und so sorgfältig wie ein Anstreicher ein Loch in der Wand verspachtelt, verteilte Jesus den Wunderbrei auf den Augen des Blinden.

Wenn wir die Wahl hätten, würden wir uns wahrscheinlich wünschen, dass Gott unser Sehvermögen auf eine angenehmere Weise wiederherstellt. Nicht mit Dreck auf die Augen, sondern vielleicht mit einem Schwarm freigelassener Tauben oder einem prächtigen Regenbogen. Natürlich schenkt Gott auch diese Art von Segen. Aber manchmal greift er zu weniger angenehmen Mitteln. Er lässt sein Wunder mit „Dreck" beginnen: Kündigungen, Enttäuschungen, Zeiten der Einsamkeit.

Ich habe selbst erlebt, dass Gott mein Sehvermögen auf unangenehme Weise wiederhergestellt hat. 1983 zogen Denalyn und ich nach Brasilien. Sie war damals 28, ich 30. Wir waren frischgebackene Missionare und voller Tatendrang. Wir fühlten uns berufen, eine Gemeinde zu gründen, eine *große* Gemeinde. Wir stellten uns vor, dass Tausende von Menschen zum Glauben kommen würden und dass unsere Arbeit jahrzehntelang Bestand hätte. Wir waren ja so naiv. Das Heimweh legte sich auf uns wie eine nasse Decke. Ich hatte Schwierigkeiten, die Sprache zu lernen. Leicht bekleidete Badegäste an der Copacabana zu sehen verlieh dem Ausdruck „Kulturschock" eine neue Bedeutung. Die Brasilianer waren wirklich nett, aber überhaupt nicht an der Gemeindearbeit von unerfahrenen Gringos interessiert, die schon mit der einfachen Konjugation von Verben ihre Schwierigkeiten hatten.

Es vergingen Wochen. Monate. Ein Jahr. Zwei Jahre. Lange Zeit erlebten wir kein Gemeindewachstum. Dann stießen ganz allmählich ein paar Leute hinzu.

Gemeinsam mit unseren Mitarbeitenden zerbrachen wir uns den Kopf über Strategien und Zielvorstellungen. Sollten wir ein Gebäude kaufen? Einen Radiosender ins Leben rufen? Straßenevangelisation betreiben? Dann endlich kam der Durchbruch: Ein Kollege war davon überzeugt, dass wir nicht das Evangelium predigten. (Wie kam er denn auf diesen Gedanken?) Er wollte, dass wir uns trafen – als Missionarinnen und Missionare, mit offenen Bibeln und offenen Herzen –, um den Kern der biblischen Botschaft herauszuarbeiten. Also taten wir genau das. Wir kamen an einigen aufeinanderfolgenden Montagnachmittagen zusammen und lasen gemeinsam in der Bibel. Ich kann nicht für das gesamte Team sprechen, aber mir ging irgendwann langsam ein Licht auf. Wie lautet die gute Nachricht der Bibel? Die Botschaft, die man auf ein großes Werbeplakat drucken könnte? Jesus starb für meine Sünden und kam wieder von den Toten zurück. Nicht mehr und nicht weniger.

Es war, als hätte jemand die Linse des Teleskops neu eingestellt und ich könnte endlich richtig sehen. Klar und deutlich. Mir fiel es wie Schuppen von den Augen.

Wir begannen, uns auf diese gute Nachricht zu konzentrieren, und unsere kleine Gemeinde begann zu wachsen. Aber noch mehr wuchsen wir selbst. Wir wuchsen im Hinblick auf Gnade, Liebe und Hoffnung. Während dieser Zeit verfasste ich ein Buch mit dem Titel *Der Retter von nebenan.* Bis heute, etwa drei Jahrzehnte später, ist es eines meiner meistverkauften Bücher. Es enthält nur eines: die täglichen Offenbarungen, die Jesus mir schenkte.

Und das Ganze begann mit einer langen Zeit der Furcht, der Frustration und des Versagens. Mit „Sehproblemen".

Geht es Ihnen ähnlich? Wenn ja, dann brauchen Sie nicht zu glauben, dass Jesus Sie verlassen hat oder Ihren Kampf ignoriert. Ganz im Gegenteil. Er nutzt ihn, um sich Ihnen zu offenbaren. Er möchte von Ihnen gesehen werden! So war es auch mit dem Blinden.

Jesus sagte zu dem Blinden: „‚Geh und wasch dich im Teich Siloah.' Siloah bedeutet: Gesandter" (Johannes 9,7). Das Wasser von Siloah wurde von einer unterirdischen Quelle nach oben

„gesandt". Johannes trifft hier eine scharfsinnige Aussage. Bis zu diesem Punkt hat er in seinem Evangelium schon mehr als zwanzigmal darauf hingewiesen, dass Jesus von seinem Vater gesandt wurde.[4] Wenn wir wirklich *sehen* möchten, müssen wir also zu unserem persönlichen Siloah sehen, zu Jesus, dem von Gott Gesandten.

Um Siloah zu erreichen, mussten die Menschen drei Treppenabschnitte mit jeweils fünf Stufen hinuntergehen.[5] Das Ganze war also kein einfacher Spaziergang, schon gar nicht für einen Blinden. Aber er schaffte es. Er tastete sich bis zum Wasser vor. Er lehnte sich über den Rand des Beckens und begann, Wasser in sein Gesicht zu spritzen und sich die Augen zu waschen. Und als er das tat, sah er plötzlich die sanften Wellen und die Sonnenstrahlen auf der Oberfläche des Teiches. Er betrachtete seine Hände. Er spritze sich noch einmal Wasser ins Gesicht und sah die Umrisse der Menschen am anderen Ufer. Von einem Augenblick auf den nächsten konnte er sehen.

Viele beschäftigt die Frage, was eine Person wissen muss, um ein Nachfolger von Jesus zu werden. Diese Geschichte gibt uns eine Antwort. Der Mann hatte keine Ahnung von der jungfräulichen Geburt und hatte sicher auch die Bergpredigt nicht gehört. Wusste er, welchen Preis man zahlen muss, wenn man sich für ein Leben mit Jesus entscheidet? Oder welche Funktion der Heilige Geist hat? Nein. Er wusste nur eines: Ein Mann namens Jesus machte einen Brei, strich ihn auf seine Augen und wies ihn an, sich zu waschen. Er erlangte sein Augenlicht nicht etwa deshalb zurück, weil er es verdiente, es sich erarbeitet oder selbst eine Lösung gefunden hatte. Er konnte wieder sehen, weil er dem vertraute und gehorchte, der „den Blinden die Augen öffne[t]" (Jesaja 42,7).

Und seit dieser Zeit hat sich nichts geändert. Jesus begegnet noch immer „blinden“ Menschen und macht sie sehend. Mit seinem Dienst verkündet er „den Blinden, dass sie sehend werden“ (Lukas 4,18).

Und der Apostel Paulus wurde zu den Nationen gesandt, denn „ihnen soll[t]en die Augen geöffnet werden, damit sie sich vom Dunkel zum Licht und aus der Macht des Satans zu Gott bekehren“ (Apostelgeschichte 26,18).

Jesus kam, um Licht zu bringen und das „Sehvermögen“ der Menschen wiederherzustellen.

Sein Wirken kann man gerade in der muslimischen Welt besonders anschaulich sehen. „In den letzten 20 Jahren sind sogar mehr Muslime Christen geworden als in den ganzen 1400 Jahren seit Mohammed“[6], und: „Man schätzt, dass ein Viertel bis ein Drittel von ihnen vor ihrer Errettung einen Traum oder eine Vision von Jesus hatten.“[7]

Für sein Buch *Wunder* interviewte Bestsellerautor Lee Strobel Tom Doyle, einen der führenden Experten auf dem Gebiet der Träume und Visionen zeitgenössischer Muslime. Doyle beschreibt das erstaunliche Phänomen, dass diverse Personen im Traum das gleiche Bild sehen: Jesus in einem weißen Gewand, der ihr oder ihm sagt, dass er sie liebt, dass er für sie gestorben ist und sie einlädt, ihm nachzufolgen. Solche Vorkommnisse werden aus Syrien, dem Iran und Irak berichtet. In Ägypten sind diese Visionen so verbreitet, dass christliche Missionare sogar Anzeigen in der Zeitung geschaltet haben. Sie stellten die Frage: „Hast du im Traum den Mann in Weiß gesehen? Er hat eine Botschaft für dich. Wähle diese Nummer.“[8]

Doyle erklärt, dass 50 Prozent der Muslime auf der Welt nicht lesen können, also begegnet Jesus ihnen in Träumen und Visionen. 86 Prozent kennen persönlich keine Christen, also spricht Jesus sie direkt an.[9]

Er geht Menschen, die in geistlicher Hinsicht blind sind, mit leidenschaftlicher Liebe nach. Es gibt sie überall auf der Welt. Er findet sie. Und er rührt sie an. Er spricht sie an durch Visionen, die Güte eines Freundes, die Botschaft einer Predigt oder die Herrlichkeit der Schöpfung. Sie dürfen sicher sein: Jesus ist gekommen, um die Blinden sehend zu machen.

Diese Aufgabe ist Jesus vorbehalten. Im Alten Testament gibt es keine Geschichten von Blinden, die geheilt wurden. Im Neuen Testament wird von vielen solcher Wunder berichtet, aber mit einer Ausnahme wurden alle Blinden von Jesus selbst geheilt. Es ist, als hätte Jesus dieses Wunder für sich selbst reserviert.[10]

Wenn Sie den Rest der Geschichte kennen, wissen Sie, dass der ehemals blinde Mann in der Folgezeit auf viel Widerstand traf. Seine Mitmenschen glaubten ihm nicht. Die Pharisäer schlossen ihn aus der Synagoge aus, und seine Eltern waren nicht bereit, ihn zu verteidigen (Johannes 9,8–9.20–21.34).

Dieser arme Mann sah erst gar nichts – und dann sah er nichts als Widerstand. Wie sich herausstellte, war er nicht die einzige blinde Person in Jerusalem. Die religiösen Führer verlangten eine Erklärung von ihm.

> *„Aber was hat er mit dir gemacht?", fragten sie. „Wie hat er dich von deiner Blindheit geheilt?"*
> *„Das habe ich euch doch bereits erzählt!", rief der Mann aus. „Habt ihr denn nicht zugehört? Warum wollt ihr es noch einmal hören? Wollt ihr auch seine Jünger werden?"*
> *Da beschimpften sie ihn und sagten: „Du bist sein Jünger, wir aber sind Jünger Moses. Wir wissen, dass Gott zu Mose gesprochen hat, doch von diesem Mann wissen wir nicht einmal, woher er ist"* (Johannes 9,26–29).

Die führenden Juden waren für das Wirken von Jesus etwa so offen wie ein verriegelter Geldschrank. Hier war ein echtes Wunder geschehen, aber waren sie daran interessiert, denjenigen zu treffen, der es vollbracht hatte? Hätte das Wunder sie nicht ein bisschen neugierig machen sollen? Gab es ihnen keinen Grund, kurz innezuhalten? Nein, sie sahen nur sich selbst und ihre Religion.

Wer waren die wirklich Blinden in dieser Geschichte?

Charles Spurgeon sagte in einer seiner Predigten: „Es ist nicht unser Kleinsein, das Christus hindert. Es ist unser Großsein. Es ist nicht unsere Schwäche, die Christus hindert. Es ist unsere Stärke. Es ist nicht unsere Dunkelheit, die Christus hindert. Es ist unser vermeintliches Licht, das seine Hand zurückhält.“[11]

Und weil die Leiter sich weigerten zu sehen „warfen [sie] ihn aus der Synagoge“ (Johannes 9,34).

Der ehemals blinde Mann wurde aus dem Tempel geworfen, ohne dass ihn jemand verteidigt hätte. „Als Jesus hörte, was geschehen war, suchte er den Mann auf …“ (Johannes 9,35).

Jesus wollte den Mann nicht ohne Beistand zurücklassen. Und Sie können dasselbe von ihm erwarten. Wenn Sie an ihn glauben, dann verspricht er: „Niemand wird [dich] mir entreißen“ (Johannes 10,28).

Selbst wenn andere Sie verachten. Selbst wenn Ihre Familie Sie verstößt. Selbst wenn das fromme Establishment Sie ablehnt. Jesus wird Sie finden. Er wird Ihnen den richtigen Weg zeigen.

„Er [Jesus] *suchte den Mann auf und sagte: „Glaubst du an den Menschensohn?“*
Der Mann erwiderte: „Sag mir, wer es ist, Herr, denn ich würde gern an ihn glauben.“

„Du hast ihn gesehen", sagte Jesus, „und jetzt spricht er mit dir!"
„Ja, Herr!", antwortete der Mann. „Ich glaube!" Und er fiel vor Jesus nieder und betete ihn an (Johannes 9,35–38).

Die Geschichte beginnt mit einem blinden Mann, der Jesus auffällt. Sie endet mit einem ehemals blinden Mann, der Jesus anbetet. Ist das nicht genau das, was Jesus sich für uns alle wünscht?

Wenn wir Jesus Christus nicht kennen, sind wir in gewisser Hinsicht blind. Wir können unsere Bestimmung nicht erkennen. Wir können unsere Zukunft nicht sehen. Wir können den Ausweg aus unseren Problemen und unserem Schmerz nicht finden. Wir können Jesus nicht sehen. Aber er sieht uns, von Kopf bis Fuß. Er weiß alles über uns.

Als ich in der fünften Klasse war, machte der Optiker einen Sehtest mit mir. Wenn Gott mit Ihnen einen *geistlichen* Sehtest machen würde, würden Sie ihn bestehen? Sehen Sie den Sinn Ihres Lebens? Haben Sie einen Blick in die Ewigkeit geworfen? Und vor allem: Können Sie erkennen, wie groß Gottes Liebe zu Ihnen ist? Es ist seine zärtliche Hand, die Sie berührt. Seine Stimme, die Sie hören. Es entspricht nicht seinem Willen für uns, dass wir blind durchs Leben tappen. Er möchte, dass wir wissen, warum wir auf dieser Erde sind und wo wir einmal hingehen. Es interessiert Jesus, ob wir wirklich sehen können. Und er wird alles dafür tun, dass wir sehen lernen, worauf es ankommt.

Kapitel 8

Die Stimme, die Tote auferweckt

Ich habe einmal an einem Wochenende ein ganzes Jahr auf einem Friedhof verbracht: Ich kam an einem Freitag und blieb bis zum Sonntag und die drei Tage dazwischen kamen mir wie zwölf Monate vor.

Der Besuch auf dem Friedhof war die Idee meines großen Bruders gewesen. Er war damals ein neunzehnjähriger Studienanfänger, ich ein sechzehnjähriger Schüler. Mein Bruder lebte nicht länger in der kleinen Ortschaft, in der wir aufgewachsen waren, sondern im texanischen Lubbock, einer Stadt mit hunderttausend Einwohnern, in der die *Texas Tech University*, das *Lubbock Christian College* und das *Resthaven Funeral Home and Cemetery* beheimatet sind.

Der Friedhofsdirektor hatte Studenten angeheuert, die den Friedhof außerhalb der Öffnungszeiten überwachten. Und mein Bruder nahm diese Gelegenheit gern wahr. Für ein paar nächtliche Patrouillen bekam Dee den gesetzlichen Mindestlohn, eine Taschenlampe, eine Einzimmerwohnung im Obergeschoss neben dem Sarglager und einen originellen Ort, an den er seine Freundin mitnehmen konnte.

Es stellte sich allerdings heraus, dass sie nicht bereit war, einen

Fuß auf das Gelände zu setzen. Also rief er mich an. (Wie gelangweilt muss man sein, um seinen kleinen Bruder dazu einzuladen, ein gemeinsames Wochenende zu verbringen?) Das Ganze klang nach jeder Menge Spaß. Bis ich dort ankam. Als Erstes sah ich die schwarzen Leichenwagen, die draußen parkten. Ich sah die unbehauenen Grabsteine auf dem Grundstück und die Särge im Sarglager, die zum Kauf angeboten wurden. Ich sah den Schrank, in dem Totengräber ihr Werkzeug aufbewahrten, und das Schild an der Tür, auf dem stand: „Einbalsamierung". Dee fand den Ort cool. Ich fand ihn gruselig. Ich traf am Freitag um 17 Uhr ein und war um 17:15 Uhr bereit, wieder zu fahren.

Sie haben sicher schon mitbekommen, dass Friedhöfe keine besonders gemütlichen Aufenthaltsorte sind. Obwohl das Gras regelmäßig gemäht wird und die Anlagen gepflegt sind, hält sich dort kaum jemand länger auf als unbedingt nötig. Niemand käme auf die Idee, dort freiwillig herumzuspazieren oder sich gar häuslich einzurichten. Man nennt den Ort zwar Friedhof, aber Ruhe und Frieden suchen wir an anderen Orten. Wir gehen auf einen Friedhof, um Menschen die letzte Ehre zu erweisen und von ihnen Abschied zu nehmen. Aber picknicken, Ball spielen oder einen Frisbee werfen? Keine Chance. Wir machen uns so schnell wie möglich wieder aus dem Staub.

Jeder Grabstein erinnert uns daran, dass das Leben nur ein langer Strich zwischen zwei Daten ist. Jede Trauerfeier sagt uns, dass unsere Zeit einmal kommen wird. Die Vorstellung, eines Tages in einem solchen Grab zu liegen, ist ziemlich bedrückend. Wir tun, was wir können, um diesen Termin so weit wie möglich hinauszuschieben. Wir treiben mehr Sport, ernähren uns gesünder, kaufen uns Antifaltencremes oder Nahrungsergänzungsmittel, aber irgendwann wird unser Leben hier auf Erden enden.

Also wirklich, Max, danke, dass du mich daran erinnerst. Diese Botschaft war genau das, was ich brauchte, um neuen Mut zu fassen.

Sie haben ja recht. Wir sprechen nicht über Friedhöfe, damit es uns besser geht. Grabstätten sind nicht sonderlich inspirierend. Aber es gibt eine Ausnahme, nämlich den Friedhof in der Nähe von Betanien. Und diese eine Ausnahme ist wirklich etwas ganz Besonderes.

> *Ein Mann namens Lazarus war krank. Er wohnte mit seinen Schwestern Maria und Marta in Betanien. Das ist dieselbe Maria, die dem Herrn das kostbare Duftöl über die Füße goss und sie mit ihrem Haar trocknete. Weil ihr Bruder Lazarus krank geworden war, schickten die beiden Schwestern Jesus eine Nachricht und ließen ihm ausrichten: „Herr, der, den du lieb hast, ist sehr krank“* (Johannes 11,1–3).

> Johannes beginnt das Kapitel mit einer bedrückenden Tatsache: „Ein Mann namens Lazarus war krank.“ Vielleicht stehen in Ihrem Tagebuch ähnliche Worte: „Eine Frau namens Judith war müde.“ „Ein Vater namens Ben war verwirrt.“ „Eine Jugendliche namens Sophia war traurig.“

Lazarus war ein echter Mensch mit echten Problemen. Er war krank. Er litt Schmerzen. Er hatte hohes Fieber und ihm drehte sich der Magen um. Aber es gab etwas, das ihm Hoffnung schenkte. Oder besser gesagt *jemanden*. Er hatte einen Freund namens Jesus. Der Jesus, der Wasser zu Wein werden ließ, den Sturm stillte und eine Menschenmenge mit ein paar Broten satt bekam. Andere waren Anhänger von Jesus. Lazarus war sein Freund.

Also schickten Lazarus’ Schwestern Jesus eine ziemlich konkrete Botschaft: „Herr, dein Freund ist sehr krank.“

Sie appellierten an die Liebe Jesu und brachten ihr Anliegen vor. Sie schrieben ihm nicht vor, wie er antworten sollte. Sie waren nicht dreist. Sie schossen auch nicht über das Ziel hinaus oder untertrieben es. Sie fassten ihr Anliegen einfach in einem Satz zusammen und ließen es Jesus überbringen. Vielleicht können wir ja etwas von ihnen lernen?

Auf die Bitte der Schwestern hin versprach Jesus, bei dem gesundheitlichen Problem zu helfen. „Als Jesus das hörte, sagte er: ‚Diese Krankheit führt letztlich nicht zum Tod, sondern durch sie soll Gottes Macht und Herrlichkeit sichtbar werden, und auch der Sohn Gottes wird dadurch geehrt'" (Johannes 11,4; Hfa).

Man kann dieses Versprechen leicht falsch verstehen. Ein Zuhörer hätte daraus schließen können, dass Lazarus nicht sterben würde. Aber Jesus machte ein etwas anderes Versprechen: „Diese Krankheit führt letztlich nicht zum Tod." Wie sich später herausstellen würde, würde Lazarus zwar das dunkle Tal des Todes durchschreiten, aber er würde dort nicht bleiben.

Der Bote eilte sicher nach Betanien zurück und teilte der Familie mit, sie solle die Hoffnung nicht verlieren.

Aber „als er [Jesus] von seiner Krankheit erfahren hatte, blieb er noch zwei Tage, wo er war" (Johannes 11,6).

Die gesundheitliche Krise verschlimmerte sich. Wie oft fragte Lazarus wohl seine Schwestern: „Ist Jesus schon da?" Wie oft wuschen sie ihm die schweißnasse Stirn und schauten anschließend nach, ob Jesus endlich kam? Sicher sagten sie immer wieder zueinander: „Jetzt dauert es bestimmt nicht mehr lange ... Gleich ist er da!"

Aber die Tage vergingen. Kein Jesus in Sicht. Lazarus wurde immer schwächer. Kein Jesus in Sicht. Lazarus starb. Kein Jesus in Sicht.

„In Betanien berichtete man Jesus, dass Lazarus schon vier Tage im Grab lag“ (Johannes 11,17). Frederick D. Bruner schreibt dazu: „Die Rabbis in Israel lehrten damals, dass eine Seele drei Tage lang beim Körper verweilt und ihn am vierten Tag dauerhaft verlässt.“[1] Jesus kam einen Tag zu spät. Oder so schien es zumindest.

Die Schwestern dachten, er wäre zu spät. „Als Marta erfuhr, dass Jesus auf dem Weg zu ihnen war, eilte sie ihm entgegen. Maria aber blieb im Haus. Marta sagte zu Jesus: ‚Herr, wärst du hier gewesen, wäre mein Bruder nicht gestorben ...‘“

Sie war enttäuscht von Jesus. „Wenn du nur hier gewesen wärst!“ Jesus hatte ihre Erwartungen nicht erfüllt. Als Jesus eintraf, war Lazarus bereits seit mehr als einer halben Woche tot. In heutiger Zeit wäre Lazarus schon unter der Erde gewesen oder zumindest für die Einäscherung bereit gemacht worden. Die Todesanzeige hätte schon lange in der Zeitung gestanden.

Ich weiß das, weil ich schon viele Beerdigungen geplant habe. In mehr Grabreden, als ich zählen kann, habe ich die Geschichte von Lazarus erzählt. Ich habe mich sogar getraut, am Sarg zu stehen und in die Gesichter der heutigen Martas, Marias, Martins und Michaels zu schauen. „Vielleicht seid ihr wie Marta enttäuscht. Ihr habt Jesus von der Krankheit erzählt. Ihr habt am Krankenbett ausgeharrt. Ihr habt im Krankenzimmer Nachtwache gehalten. Ihr habt Jesus gesagt, dass einer eurer Lieben krank ist, immer kränker wird und im Sterben liegt. Und jetzt ist dieser Mensch gestorben. Manche von euch sind wie Maria zu traurig. Euch fehlen regelrecht die Worte. Andere sind wie Marta zu fassungslos, um zu schweigen. Währt ihr bereit, Martas Glauben zu teilen?“

Achten Sie auf ihre Worte: „Herr, *wärst du* hier gewesen, würde mein Bruder noch leben. Aber *auch jetzt weiß ich*, dass Gott dir alles geben wird, worum du ihn bittest“ (Johannes 11,21–22;

Hfa; Hervorhebung des Autors). Wie viel Zeit ist wohl vergangen zwischen „wärst du“ in Vers 21 und „auch jetzt weiß ich“ in Vers 22? Warum änderte sie ihren Tonfall? Sah sie etwas in Jesu Gesichtsausdruck? Erinnerte sie sich an ein Versprechen, das er ihr in der Vergangenheit gegeben hatte? Wischte er eine Träne aus ihrem Gesicht? Nahm seine Ruhe ihr die Angst? Irgendetwas bewirkte jedenfalls, dass Martas Beschwerde sich in ein Bekenntnis verwandelte.

Jesus begegnete Marta mit einer Antwort, die dem Tod seine Macht nahm.

> *Jesus sagte zu ihr: „Dein Bruder wird auferstehen.“*
> *„Ja“, erwiderte Marta, „am Tag der Auferstehung, wenn alle Menschen auferstehen.“*
> *Jesus sagte zu ihr: „Ich bin die Auferstehung und das Leben. Wer an mich glaubt, wird leben, auch wenn er stirbt … Glaubst du das, Marta?“* (Verse 23–26).

Der Moment ist höchst dramatisch.

Beachten Sie, wem Jesus diese Frage stellt: einer hinterbliebenen Schwester mit einem gebrochenen Herzen.

Beachten Sie, wo Jesus steht, als er die Frage stellt: in der Nähe oder vielleicht mitten auf einem Begräbnisplatz.

Beachten Sie, wann Jesus diese Frage stellt: vier Tage zu spät. Sein Freund Lazarus war schon seit vier Tagen gestorben, begraben.

Es war genug Zeit vergangen. Marta hatte allen Grund, die Hoffnung aufzugeben, dass Jesus eingreifen würde. Aber selbst jetzt besaß Jesus noch die Kühnheit, seine Autorität über den Tod zu bezeugen. „Glaubst du das, Marta? Glaubst du, dass ich Herr über alles bin, sogar über den Friedhof?“

Mag ja sein, dass sie im Brustton der Überzeugung antwortete, siegesgewiss wie ein triumphierender Engel. Vielleicht bebte Martas Stimme in Ihrer Fantasie vor Freude und übersprudelnder Hoffnung. Ich glaube das aber nicht. Ich meine, eine kurze Pause zu vernehmen. Ein tiefes Schlucken. Ich höre ein sanftes: „Ja, Herr ... Ich bin zu dem Glauben gekommen, dass du der Christus bist, der Sohn Gottes, der in die Welt kommen soll" (Johannes 11,27).

Marta war nicht bereit zu bekennen, dass Jesus die Toten auferwecken könnte. Trotzdem zollte sie ihm dreifachen Tribut, indem sie ihn „den Christus" nannte, „den Sohn Gottes", „den, der in die Welt kommen soll". Sie brachte einen Senfkornglauben auf. Und das war für Jesus genug.

Marta holte ihre Schwester herbei. Als Maria Jesus sah, brach sie in Tränen aus. „Als Jesus die weinende Maria und die Leute sah, die mit ihr trauerten, erfüllten ihn Zorn und Schmerz. ‚Wo habt ihr ihn hingelegt?', fragte er. Sie antworteten: ‚Herr, komm mit und sieh.' Da weinte Jesus" (Johannes 11,33–35).

Was brachte Jesus dazu zu weinen? Weinte er, weil sein Freund gestorben war? Oder bewegte ihn die Trauer der anderen? Weinte er vor Kummer? Oder vor Wut? War es das Grab, das ihm das Herz brach, oder der Gedanke an die Macht, die das Grab über die Menschen hatte?

Wahrscheinlich Letzteres, denn im nächsten Moment übernahm er mutig und entschlossen das Kommando. Jesus befahl den Trauernden, den Stein wegzurollen. Marta zögerte. Wer würde das nicht? Er bestand darauf. Sie gab nach. Jesus, der Gott auch in unmöglichen Situationen dankte, sprach ein Dankgebet, und „dann rief er mit lauter Stimme: ‚Lazarus, komm heraus!' Und Lazarus kam heraus. Er war in Grabtücher gewickelt und sein Kopf war mit einem Tuch verhüllt. Jesus sagte: Löst die Binden und lasst ihn gehen!'" (Johannes 11,43–44).

Ich wünschte, Sie würden diesen Abschnitt zum ersten Mal lesen. Sie würden Bauklötze staunen. Sie würden das Buch zur Seite legen und zum Himmel aufblicken. „Hast du das wirklich getan? Hast du wirklich einem toten Mann auf einer Begräbnisstätte befohlen, dass er aus dem Grab herauskommen soll?“

Ja, das hat er! Es war ein Befehl, keine Einladung; ein Imperativ, keine Idee; eine Aufforderung, kein Vorschlag. Jesus ...

- „... rief mit lauter Stimme“,
- „... brüllte mit Donnerstimme“[2],
- „... dann brüllte er“ (Volxbibel).

Die Auferstehung und das Leben selbst sandte einen Befehl in die Grabkammer. Irgendwo im Himmel vernahm ein Engel die vertraute Stimme des Hirten und lächelte. Irgendwo in der Hölle murmelte der gefallene Engel: „O nein.“

„Lazarus, komm heraus!“ Die Stimme Gottes hallte in der Höhle wider, bis sie Lazarus im Paradies erreichte, wo er gerade einen Latte macchiato mit Mose trank und der Exodus-Geschichte aus erster Hand lauschte.

„Lazarus!“

Er hörte seinen Namen und schaute Mose an. Der Patriarch zuckte mit den Schultern: „Du musst gehen, mein Freund.“

Lazarus wollte nicht auf die Erde zurück. Davon bin ich überzeugt. Aber wenn Jesus befiehlt, dann gehorchen seine Jünger. Das wusste Lazarus. Also stieg sein Geist vom Himmel herab auf die Erde, bis er die Grabstätte von Betanien erreichte. Sein Geist zog wieder in seinen Körper ein und erweckte ihn zu neuem Leben. Er stand auf und ging zum Grabeingang.

„Jesus sagte: ‚Löst die Binden und lasst ihn gehen!‘“ (Johannes 11,44).

„Was will uns dieses Wunder sagen?“, frage ich gern auf Beerdigungen, wobei ich aufpassen muss, nicht zu begeistert zu erscheinen. Es ist ja schließlich ein Trauergottesdienst. Trotzdem lasse ich mich ein bisschen mitreißen. „Sie sind nie allein. Jesus begegnet uns auf den Friedhöfen des Lebens. Ob wir dort sind, um uns zu verabschieden oder um begraben zu werden: Wir können uns darauf verlassen, dass Gott auch dort an unserer Seite ist.“

Er ist „Herr über alle Menschen ... über die Toten und über die Lebenden ...“ (Römer 14,9). Der letzte Akt steht noch aus. Lazarus war nur eine Aufwärmübung. Eines Tages wird Jesus rufen und die Heiligen werden sich versammeln. Ob Friedhof, Meeresgrund, Schlachtfeld, abgebranntes Gebäude oder irgendeine andere Ruhestätte: Die Toten werden sie verlassen, in welchem Zustand sie auch sein mögen. Sie werden wiederhergestellt werden, sie werden auferstehen und in die Gegenwart von Jesus treten.

„Erlösung“ meint mehr als die Errettung der Seelen. Erlösung ist auch die Wiedervereinigung von Seele und Körper.

> *Denn wir wissen, dass die ganze Schöpfung bis zu diesem Augenblick seufzt und in Wehen liegt. Nicht allein aber sie, sondern auch wir selbst, die wir den Geist als Erstlingsgabe haben, seufzen in uns selbst und sehnen uns nach der Kindschaft, der* ***Erlösung unseres Leibes*** (Römer 8,22–23; LÜ; Hervorhebung des Autors).

Wir erwarten nicht, von unseren Körpern erlöst zu werden, sondern die Erlösung unserer Körper selbst. Wir werden als ganze Menschen gerettet und wiederhergestellt. Wir sind „herrlich und ausgezeichnet gemacht“ (Psalm 139,14), aber gleichzeitig gilt:

„Menschen sind wie Gras. Ihre Schönheit ist wie eine Feldblume" (Jesaja 40,6). Unsere Vergänglichkeit ist kein Dauerzustand. Als Miterben von Christus werden wir auch mit ihm erlöst werden. „Da wir in seinem Tod mit ihm verbunden sind, werden wir auch in der Auferstehung mit ihm verbunden sein" (Römer 6,5).

Glaubst du das? Dieselbe Frage, die Jesus Marta gestellt hat, stellt er auch Ihnen.

Der Tod lässt Unterschiede verschwinden. Was haben der Milliardär und der Bauer gemeinsam? Beide werden sterben. Wir alle werden sterben. Aber nicht alle werden dem Tod auf die gleiche Weise begegnen. Die Geschichte von Lazarus' Auferstehung soll Ihnen zeigen: Die Autorität Jesu gilt auch auf dem Friedhof.

Glauben *Sie* das? Und damit meine ich nicht die Glaubensgrundsätze Ihrer Kirche, Ihrer Familie, Ihrer Eltern oder der Gesellschaft, sondern *Ihre*. Die Frage ist persönlicher Natur.

Glauben Sie *das?* Die Behauptung, die Jesus hinsichtlich seiner Göttlichkeit und Ihres Schicksals aufstellt? Jesus ist auch der Herr über den Friedhof. Seine Stimme weckt die Toten auf. Und Ihnen steht ein Lazarus-Moment bevor. Glauben Sie *das?*

Ich halte mich immer noch nicht besonders gern auf Friedhöfen auf. Mein Wochenende im *Resthaven Funeral Home* war nicht so toll, dass ich es gern wiederholt hätte. Wenn Sie mich also einladen würden, mich auf einem Friedhof häuslich einzurichten, würde ich dankend ablehnen.

Ich tue das, was die meisten Besucher eines Friedhofs tun: Ich zolle meinen Respekt, nehme an der Trauerfeier teil und gehe nach Hause. Eine Sache stelle ich mir dabei aber gern vor. Ich schaue mich um und male mir aus, wie sich folgendes Versprechen erfüllen wird:

Denn der Herr selbst wird mit einem lauten Befehl, unter dem Ruf des Erzengels und dem Schall der Posaune Gottes vom Himmel herabkommen. Dann werden zuerst alle Gläubigen, die schon gestorben sind, aus ihren Gräbern auferstehen. Und mit ihnen zusammen werden auch wir Übrigen, die noch auf der Erde leben, auf den Wolken hinaufgehoben werden in die Luft, um dem Herrn zu begegnen und in Ewigkeit bei ihm zu bleiben. Tröstet euch also gegenseitig mit diesen Worten! (1. Thessalonicher 4,16–18).

Kapitel 9

Vollständig bezahlt

Wer Kayla Montgomery schon einmal laufen gesehen hat, wird bestätigen, dass sie eine starke, ausdauernde Läuferin ist. Sie ist sogar eine der schnellsten Langstreckenläuferinnen der Vereinigten Staaten, gertenschlank und mit festem Siegeswillen. Ihr hervorragender Laufstil und ihr starker Schlusssprint fielen jedem Kenner ins Auge. Ihre Leistung beim Highschoollauf in Winston-Salem, North Carolina, beeindruckte Trainer, Gegner und Mannschaftskollegen gleichermaßen. Sie stellte Streckenrekorde auf, wurde Meisterin verschiedener Bundesstaaten, nahm an nationalen Wettkämpfen teil und erhielt schließlich ein Sportstipendium der Universität Lipscomb in Nashville, Tennessee.

Wenn Sie sie hätten laufen sehen, wären Sie beeindruckt gewesen.

Was Sie dabei nie erraten hätten, ist, dass sie ohne Gefühl in ihren Beinen läuft. Im Alter von 15 Jahren wurde bei ihr MS diagnostiziert, eine Autoimmunerkrankung, die die Nerven angreift und dabei das Gehirn und die Wirbelsäule in Mitleidenschaft zieht. Wärmeempfindlichkeit ist eine von vielen möglichen Symptomen von MS. Wenn Kaylas Körpertemperatur sich stark erhöht, flammen ihre MS-Symptome auf, und ihre Beine werden taub.

Trotzdem wollte sie laufen. Sie sagte zu ihrem Coach: „Ich will rennen und ich will schnell rennen." Und das tat sie auch. Einmal belegte sie auf der Liste der schnellsten Läufer der gesamten USA den 21. Platz.

Nach eineinhalb Kilometern setzte in der Regel die Taubheit ein. Von da an nutzte sie einfach den Schwung, um weiterzulaufen. Als wäre ihr Autopilot eingeschaltet, lief sie weiter. Laufen konnte sie. Aber anhalten? Das war eine andere Geschichte. Nachdem sie die Ziellinie überquert hatte, war sie nicht in der Lage, das Tempo zu drosseln.

Deshalb musste sie sich komplett auf eine Person verlassen: auf ihren Trainer. Er begleitete sie zu allen Wettkämpfen. Er rief ihr zu, spornte sie an und machte ihr Mut, aber seine wichtigste Aufgabe bestand darin, sie zu fangen. Er fing Kayla auf. Er stand hinter der Ziellinie und wartete auf sie. Sie rannte genau in seine Arme. Sie bremste nicht ab. Er blieb stehen. Der Zusammenstoß war heftig. Wenn es ihm dann gelungen war, ihren Lauf zu stoppen, nahm er die 1,55 m große Läuferin hoch und trug sie von der Rennstrecke.

Immer wieder hörte man sie sagen: „Meine Beine! Meine Beine! Ich kann sie nicht spüren! Bitte, hilf mir. Bitte, hilf mir."

Immer wieder sprach der Trainer ihr gut zu: „Es ist ja gut. Ich hab dich. Ich hab dich."

Er trug sie an einen ruhigen Platz und gab ihr Wasser und Eis. Nach und nach kühlte ihre Körpertemperatur ab und das Gefühl kehrte in ihre Beine zurück.[3]

Die beiden hatten eine Abmachung. Sie lief und er fing sie. Wenn er nicht da wäre, um sie zu fangen, würde sie mit dem nächsten Hindernis zusammenstoßen. Aber das passierte nie, weil er immer da war.

Das war sein Versprechen an Kayla.

Das ist Gottes Versprechen an uns.

Sie kommen der Ziellinie immer näher. Es tut mir leid, dass ich Sie schon wieder daran erinnere, aber jeder Schritt bringt Sie Ihrem Ende näher. Ihr Herzschlag ist wie das Ticken einer Uhr. Ihre Atemzüge sind gezählt. Ihre Tage sind bemessen. Egal, wie gut Sie dieses Rennen laufen, Sie werden nicht für immer laufen.

Und Sie werden Hilfe brauchen. An der Ziellinie wird Ihnen die Kraft ausgehen. Die Ausdauer, mit der Sie gelaufen sind? Die Fähigkeiten, die Sie durch dieses Rennen getragen haben? Die Entschlossenheit, mit der Sie die Strecke bewältigt haben? Ihr gutes Training? Ihre Erfahrung und Ihre Leistungen? Wenn Sie die Ziellinie überschreiten, zählt das alles nicht länger. Sie werden jemanden brauchen, der Sie auffängt.

Jesus hat versprochen, dieser Jemand zu sein. Er wird Sie in Ihren letzten Momenten nicht im Stich lassen. Das ist sein Versprechen. Und das ist die Botschaft des Kreuzes.

> *Jesus wusste, dass nun alles vollbracht war, und um zu erfüllen, was in der Schrift vorausgesagt war, sagte er: „Ich habe Durst." Sie tauchten einen Schwamm in ein Gefäß mit Weinessig und steckten ihn auf einen Ysopzweig, den sie an seine Lippen hielten. Als Jesus davon genommen hatte, sagte er: „Es ist vollbracht!" Dann neigte er den Kopf und starb* (Johannes 19,28–30).

Kann man die Kreuzigung als Wunder betrachten? Auf jeden Fall. Sie beinhaltet jedes Merkmal der anderen Wunder, von denen im Johannesevangelium berichtet wird. Durch das Versöhnungswunder am Kreuz wurde nicht Wasser zu Wein, sondern Sünder wurden zu Heiligen. Auf Golgatha heilte Jesus nicht einen Diener dadurch, dass er etwas sagte, sondern er heilte alle Generationen dadurch, dass er etwas bekräftigte. An Karfreitag forderte er nicht einen Lahmen auf zu gehen, sondern er lädt uns alle ein zu tanzen.

Mit einer einzigen Botschaft speiste Jesus mehr als eine Menschenmenge, stillte er mehr als nur einen Sturm, schenkte er mehr als nur einer Person die Fähigkeit zu sehen. Seine Anweisung auf der Begräbnisstätte von Betanien reichte aus, um Lazarus aus dem Grab zu holen. Seine Botschaft auf Golgatha reichte aus, um alle, die an ihn glauben, vor dem ewigen Tod zu retten.

Und was verkündete er? *Telestai.* „Es ist vollbracht" (Johannes 19,30).

Nehmen Sie Ihren Hut ab. Ziehen Sie Ihre Schuhe aus. Halten Sie inne und senken Sie den Blick. Das ist ein heiliges Wort, ein heiliger Moment.

Der Künstler tritt einen Schritt zurück, legt seinen Pinsel beiseite und betrachtet sein Werk.

Es ist vollbracht.

Der Dichter liest sein Gedicht zum letzten Mal und legt seinen Stift auf den Tisch.

Es ist vollbracht.

Der Bauer betrachtet das abgeerntete Feld, nimmt seinen Hut ab und wischt sich über die Stirn.

Es ist vollbracht.

Jesus öffnet seine geschwollenen Augen und schaut zum Himmel. Aus seinen Lungen strömt gerade noch so viel Luft, dass er seine letzten Worte hervorstoßen kann: „Es ist vollbracht."

Erinnern Sie sich daran, wie sein Werk begann? Als er zwölf Jahre alt war, verschwand er, während seine Familie sich in Jerusalem aufhielt. Nach drei Tagen fanden ihn seine Eltern im Tempel, wo er sich mit den Schriftgelehrten unterhielt. „‚Warum habt ihr mich gesucht?', fragte er. ‚Ihr hättet doch wissen müssen, dass ich im Haus meines Vaters bin'" (Lukas 2,49). Selbst als Junge kannte Jesus schon Gottes Aufgabe für ihn: das Erlösungswerk. Seine ersten dokumentierten Worte läuten dessen Anfang ein. Eines seiner letzten Worte läutet dessen Vollendung ein.

Tatsächlich bezieht sich das griechische Wort *telestai* auf geschäftliche Angelegenheiten. Der Ausdruck bedeutet „vollkommen bezahlt" und bezieht sich auf Schulden, Abgaben oder Tribut. In Römer 3,16 verwendet der Apostel Paulus eine Form dieses Wortes, um uns zu sagen, dass wir Steuern zahlen sollen. Der Wortstamm *teleó* taucht auch in Matthäus 17,24 auf: „Zahlt euer Meister keine Tempelsteuer?" Der Ausdruck beschreibt eine vollendete Transaktion.

Das, was Jesus am Kreuz sagte, trägt die gleiche Bedeutung. „Denn durch dieses eine Opfer hat er alle, die er heiligt, für immer vollkommen gemacht" (Hebräer 10,14). Es wird kein weiteres Opfer nötig sein. Der Himmel erwartet keine zusätzliche Opfergabe mehr. Das, was Jesus am Kreuz getan hat, begleicht die Schuld vor dem himmlischen Gerichtshof. Wenn das kein Wunder ist, was dann?

„Dann ließ er den Kopf sinken und starb" (Johannes 19,30). Jesus verlor nicht die Kontrolle. Er selbst senkte seinen Kopf. Er ließ seinen Kopf sinken. Jesus war kein erschöpfter Leidender, der in Ohnmacht fiel. „Niemand kann es [mein Leben] mir nehmen. Ich gebe es freiwillig hin", versprach er an anderer Stelle (Johannes 10,18).

Der Mann am mittleren Kreuz stand im Rampenlicht. Er war allmächtig und hatte die Ereignisse in der Hand, auch und gerade im Tod. Seine Berufung, die ihm schon als Junge im Tempel bewusst gewesen war, erfüllte er 21 Jahre später und eine halbe Meile weiter westlich auf dem Hügel Golgatha.

Was genau war nun vollbracht? Hatte er alle seine Lehren verbreitet? Nein, nach der Auferstehung lehrte er weitere 40 Tage lang. Hatte er die geistliche Führung an seine Jünger abgegeben? Nein, mithilfe des Heiligen Geistes leitet er weiterhin seine Gemeinde. War sein Heilungsdienst zu Ende? Auch das nicht. In Zusammenarbeit mit dem Heiligen Geist und dem barmherzigen Vater heilt Jesus noch heute. Aber es gibt eine Aufgabe, um die sich Jesus nicht mehr kümmern muss: die Erlösung der Menschheit.

„Denn Gott machte Christus, der nie gesündigt hat, zum Opfer für unsere Sünden, damit wir durch ihn vor Gott gerechtfertigt werden können" (2. Korinther 5,21). Dieser Vers bezeugt, dass unsere Schuld auf übernatürliche Weise auf Jesus übertragen wurde und wir jetzt seine Gerechtigkeit genießen. Jesus, Gottes Sohn, der ohne Sünde war, nahm unsere Schuld auf sich, damit wir, seine rebellische Schöpfung, seine Güte empfangen können. Ein paar Verse zuvor schreibt Paulus: „Denn Gott war in Christus und versöhnte so die Welt mit sich selbst und rechnete den Menschen ihre Sünden nicht mehr an" (2. Korinther 5,19). Gott rechnet uns unsere Schuld nicht länger an! Stattdessen rechnet er sie Jesus Christus an. Jesus nahm freiwillig die Verantwortung für Ihre Sünden auf sich. Er bietet Ihnen großzügig das Gute an, was eigentlich er für sein vollkommenes Leben verdient hat.

Jesus „brachte sich selbst Gott als ein Sündopfer dar, das für alle Zeit wirksam ist. Dann setzte er sich auf den höchsten Ehrenplatz an Gottes rechter Seite" (Hebräer 10,12). Jesus setzte sich. Alles, was getan werden musste, war getan. Alles, was bezahlt werden musste, war bezahlt.

Jesus Christus hat für Sie gezahlt.

Einen ähnlichen Ausspruch habe ich neulich in einem *Starbucks*-Drive-in gehört. Ich hatte meine Bestellung aufgegeben und wartete darauf, dass die Leute, die im Auto vor mir saßen, bezahlt hatten und weiterfuhren. Als ich an die Reihe kam, ließ ich die Fensterscheibe herunter und wollte bezahlen. Die Mitarbeiterin winkte ab. „Die Leute im Auto vor Ihnen haben für Ihr Getränk bezahlt. Sie meinten, sie würden Sie aus der Kirche kennen, und wollten Ihren Kaffee übernehmen."

Wer diese Leute waren, weiß ich bis heute nicht, aber sie haben etwas Großartiges getan, woran wir uns alle ein Beispiel nehmen können. „Sie haben sogar noch mehr als genug bezahlt", fuhr die Mitarbeiterin fort und hielt einen 20-Dollar-Schein in die Höhe. Da mein Getränk weniger als 5 Dollar kostete, tat ich, was jeder gute Prediger tun würde. Ich schaute zuerst in den Rückspiegel, dann wieder zu der Angestellten und bestellte etwas zu essen.

Ich schlug die Gabe nicht aus. Ich teilte der Mitarbeiterin nicht mit, dass ich keine Hilfe brauchte. Ich weigerte mich nicht, das Geschenk anzunehmen. Ich nahm die Gabe dankend an.

Ich hoffe, Sie werden das ebenfalls tun.

Nehmen Sie das große Wunder der Barmherzigkeit für sich in Anspruch. Lassen Sie die Gnade Gottes über sich hinwegströmen wie einen reinigenden Wasserfall, der alle Spuren der Schuld und Scham wegspült. Nichts trennt Sie von Gott. Sie haben vielleicht ein schlechtes Gewissen, wenn Sie an das denken, was Sie alles getan haben, aber Gott nimmt Sie an. Andere halten Ihnen vielleicht Ihre Vergangenheit vor, aber Gott tut das nicht. Was ihn betrifft, ist das Werk ein für alle Mal vollbracht.

Ich legte während der Arbeit an diesem Buch eine Schreibpause ein, um mit meiner Familie zum Strand zu gehen. Rosie, unser erstes Enkelkind, war zu diesem Zeitpunkt dreieinhalb Jahre alt und hatte noch nie das Meer gesehen. Wir waren alle neugierig und fragten uns, wie sie reagieren würde. Als sie die Wellen sah und das Rauschen hörte, schaute sie wortlos zu und lauschte, und schließlich fragte sie: „Wann hört es auf?"

Es hört nicht auf, Schatz.

Wir stellen uns in Bezug auf Gottes Gnade manchmal die gleiche Frage. Ganz bestimmt wird sie irgendwann versiegen, oder? Nein. Mit Sicherheit ist seine Güte irgendwann aufgebraucht, nicht wahr? Nein, niemals. Eines Tages sind seine Barmherzigkeit und seine Liebe erschöpft, oder? Nein.

> *Er bestraft uns nicht für unsere Sünden und behandelt uns nicht, wie wir es verdienen. Denn so hoch der Himmel über der Erde ist, so groß ist seine Gnade gegenüber denen, die ihn fürchten. So fern der Osten vom Westen ist, hat er unsere Verfehlungen von uns entfernt. Wie sich ein Vater über seine Kinder zärtlich erbarmt, so erbarmt sich der Herr über alle, die ihn fürchten"* (Psalm 103,10–13).

Laufen Sie das Rennen weiter. Laufen Sie voller Zuversicht. Denn an der Ziellinie wartet ein Freund auf Sie. Und wenn Sie sie überqueren, wird er Sie mit weit geöffneten Armen auffangen. Seien Sie nicht überrascht, wenn er Ihnen genau das sagt, was er schon damals gesagt hat: „Es ist vollbracht."

Kapitel 10

Er sah und glaubte

Wenn ich Ihnen erzählen würde, wie oft ich schon mit Zweifeln gekämpft habe, wären Sie bestimmt überrascht. Wenn Sie wüssten, wie oft ich mich gefragt habe: „Ist das wirklich wahr?", würden Sie annehmen, dass ich das falsche Amt ausübe. Wie kann man allen Ernstes glauben, dass Gott auf die Erde kam? Dass er ein kleines Kind wurde, Windeln trug, gestillt wurde? Oder dass eine Frau schwanger wurde, bevor sie überhaupt Sex hatte? Dass ein Fleckchen, genannt Nazareth, drei Jahrzehnte lang die Heimat von Gottes Sohn war? Dass Gott als Säugling mit rosigem Gesicht seinen ersten Atemzug tat, als pummeliges Kleinkind seinen ersten Schritt tat, als Kind mit großen Augen den ersten Sonnenaufgang betrachtete, als pickeliger Teenager zum ersten Mal ein hübsches Mädchen anschaute, als schmalgesichtiger junger Mann die Thora zitierte und als bärtiger Rabbi Dämonen Befehle erteilte, Sündern vergab, dem Wind befahl, sich zu legen, und Toten aufzustehen?

Scheint diese Vorstellung nicht manchmal absurd zu sein? Ein bisschen übertrieben oder weit hergeholt? Die Lehren selbst bereiten mir keine großen Probleme. Dass ein Rabbi aus dem Nahen Osten kluge Dinge über Nächstenliebe sagt oder darüber, dass man seine Zunge im Zaum halten sollte, ergibt absolut Sinn.

Aber dann zu behaupten, dass dieser Lehrer die Autorität hatte und hat, Schuld zu vergeben, dass er vollkommen genug war und noch immer ist, um als Opfer für unsere Sünden zu dienen, und dass er die Kühnheit besaß und besitzt, Anbetung entgegenzunehmen – nicht nur Wertschätzung und Bewunderung, sondern Anbetung?

Also, das reicht jetzt aber. Wohin soll das noch führen? Auf jeden Fall war die Kreuzigung nicht das Ende von allem. Die Gute Nachricht ist die Geschichte eines Toten, der wieder lebendig wurde, eines Begrabenen, der sein Grab verließ, eines menschlichen Herzens, das mehr als drei Tage lang komplett stillstand und dann, so sicher wie die Sonne morgens aufgeht, wieder anfing, Blut zu pumpen. Die Leiche erwachte zum Leben. Jesus erstand wieder auf. Und Milliarden, wirklich Milliarden von uns haben es gewagt, daran zu glauben, dass er auch heute noch für uns aufersteht. Und dass er uns eines Tages zu sich holt. Dass er ein für alle Mal Ordnung in dieses Chaos bringt, das wir Menschheit nennen.

Seien Sie ehrlich: Klingt das nicht manchmal ein bisschen weit hergeholt? Für manche von Ihnen lautet die Antwort Nein. Ihr Glaube steht so fest wie ein Mammutbaum, er wurzelt ebenso tief und spendet Schatten.

Aber andere von uns arbeiten noch daran. Wir haben so unsere Anfragen, was den christlichen Glauben betrifft. Wir suchen Antworten, die uns helfen, einen ehrlichen Glauben zu entwickeln. Wenn das auf Sie zutrifft, dann heiße ich Sie willkommen im „Club der Suchenden“. Ich versichere Ihnen, es ist in Ordnung, Zweifel zu haben. Fragen sind wie Trittsteine, über die wir zum Himmel hinaufsteigen. Der Aufstieg kann manchmal steil sein, aber dass es schwierig ist, bedeutet nicht, dass wir nicht vorankommen.

Johannes ist uns jedenfalls vorangegangen. Wir können uns an seinen Wundergeschichten entlanghangeln wie an einem

Geländer. Wissen Sie noch, warum er sie niederschrieb? „Diese aber wurden aufgeschrieben, damit ihr glaubt, dass Jesus der Christus ist, der Sohn Gottes, und damit ihr durch den Glauben an ihn in seinem Namen das ewige Leben habt" (Johannes 20,31). Johannes hat die Geschichten nicht zu unserer Information oder unserer Unterhaltung aufgeschrieben. Er wollte, dass wir daran glauben, dass Jesus der Messias ist. Genau aus diesem Grund – um all jenen zu helfen, die Zweifel haben – beschreibt Johannes den entscheidenden Moment in seinem Leben: den Moment, als er anfing zu glauben.

Johannes spricht von sich selbst, wenn er schreibt: „... er sah und glaubte" (Johannes 20,8). Diese Aussage erfolgte nicht, nachdem Jesus Wasser in Wein verwandelt hatte. Johannes reagierte auch nicht in dieser Weise, als Jesus auf dem Wasser ging oder Tausenden von Menschen etwas zu essen gab. Johannes war bereits ein Jünger, als Jesus den Blinden heilte. Aber wann wurde er zum *Gläubigen?* Er soll es Ihnen selbst berichten.

> *Danach bat Josef von Arimathäa Pilatus um die Erlaubnis, den Leichnam vom Kreuz abnehmen zu dürfen. Er war insgeheim ein Jünger von Jesus, denn er fürchtete sich vor den führenden Juden. Als Pilatus es ihm gestattete, ging er und holte den Leichnam. Auch Nikodemus, der Jesus einmal in der Nacht aufgesucht hatte, kam und brachte zum Einbalsamieren etwa dreißig Kilogramm Myrrhe und Aloe mit. Gemeinsam wickelten sie den Leichnam mit den Kräutern in lange Leinentücher, wie es bei den Juden vor dem Begräbnis Brauch ist. Der Ort der Kreuzigung befand sich in der Nähe eines Gartens; dort lag ein neues Grab, das noch nie benutzt worden war* (Johannes 19,38–41).

Als die Sonne am Freitag unterging, wurde der Sohn Gottes in einem Grab in Jerusalem beigesetzt. Zwei Jünger bereiteten den Körper von Jesus für das Begräbnis vor: Josef von Arimathäa und Nikodemus. Beide Männer waren wohlhabend. Beide waren führende Persönlichkeiten der Stadt. Beide waren im Verborgenen Nachfolger von Jesus gewesen, die sich in den Tagen zuvor öffentlich zu ihm bekannt hatten.

Bei diesem Liebesdienst sprang nichts für sie heraus. Sie dachten, sie wären die Letzten, die ihren Retter sahen. Sie bereiteten einen toten Körper für die Beisetzung vor. Sie hatten keine Ahnung, dass ein Wunder geschehen und dieser Körper wieder lebendig werden würde.

Sie tränkten die Leinentücher in 30 Kilogramm Kräuteröl (Johannes 19,39).[1] Das war eine beachtliche Menge, „genug Kräuter für die Beerdigung eines Königs“[2]. Die Kräuter sollten den Verwesungsgeruch eine Zeit lang überdecken und nach und nach würden die Verbände zu einer festen Hülle werden. Dann nahmen sie einen Leinenstreifen und führten ihn von der Kinnlade nach oben über den Kopf, damit der Mund geschlossen blieb.[3] Sie vollendeten ihr Werk, indem sie den Leichnam zur Begräbnisstätte brachten und ihn in ein unbenutztes Grab legten.

Aus einem jungfräulichen Mutterleib wurde Jesus geboren, in einem jungfräulichen Grab wurde er begraben. Da die religiösen Anführer darauf bestanden, stellte Pilatus Wachen vor dem Grab auf. Sie sollten die Jünger und auch mögliche Räuber fernhalten. Allerdings erwähnte niemand etwas davon, dass sie Jesus davon abhalten sollten, das Grab zu verlassen.

> *Früh am ersten Tag der Woche, als es noch dunkel war, kam Maria Magdalena zum Grab und fand den Stein vom Eingang weggerollt* (Johannes 20,1).

Drei Tage waren seit der Kreuzigung vergangen. Jesus hatte versprochen, er würde am dritten Tag auferstehen (nachzulesen in Markus 8,31; 9,31; 10,34).

Freitag war der erste Tag, Samstag der zweite.

Freitagabend war es ruhig. Der Samstag war ein Tag der Trauer.

Am Freitag jubelten die Teufel. Am Samstag feierten die Dämonen.

Am Freitag flüchteten die Jünger. Am Samstag weinten sie.

Am Freitag starb der Sohn des Himmels und wurde begraben. Am Samstag sprach er kein Wort.

Am Freitag senkten die Engel ihre Köpfe. Am Samstag hielten sie Wache.

Aber am Sonntag, dem dritten Tag, noch bevor die Sonne aufging, begann das Herz von Jesus in Josefs Grab zu schlagen.

Stellen Sie sich einmal vor, wir wären dabei gewesen! Wäre es nicht wunderbar gewesen, das abrupte Einatmen zu hören, sein erstes Blinzeln zu sehen und sein Lächeln zu betrachten? Und ich bin mir sicher, dass er ein breites Lächeln im Gesicht hatte! Schließlich bedeutete der erste Atemzug von Jesus den Triumph über den Tod.

Als Nächstes schildert Johannes eine Abfolge von Entdeckungen und Freudenausbrüchen. Maria Magdalena sah das leere Grab und rechnete mit dem Schlimmsten. Sie eilte zu Petrus und Johannes, um sie zu wecken und ihnen die Nachricht mitzuteilen: „Sie haben den Herrn aus dem Grab weggenommen, und ich weiß nicht, wo sie ihn hingebracht haben!" (Johannes 20,2).

Johannes und Petrus rannten zum Friedhof. Johannes war schneller, aber Petrus war mutiger. Er betrat das Grab und kam wenig später völlig fassungslos heraus. Johannes ging daraufhin ebenfalls in das Grab und begann, daran zu glauben, dass Jesus wirklich der Messias war. „Da ging auch der andere Jünger hinein, der zuerst bei dem Grab angekommen war, und er sah und glaubte" (Johannes 20,8).

Bestimmt hielt Johannes kurz inne, nachdem er das letzte Wort geschrieben hatte. *Er glaubte. Glauben* war sein Lieblingsverb. Er verwendete es in seinem Evangelium 88-mal. Doppelt so oft wie Matthäus, Markus und Lukas zusammen.[4] *Glauben* bedeutet mehr als nur „für wahr halten". Es bedeutet auch, sich auf jemanden zu verlassen und ihm zu vertrauen.

Wie dynamischer Glaube aussieht, konnte ich vor einiger Zeit ganz praktisch erleben. Ich verbrachte einen Samstag mit ein paar Männern bei der Hütte eines Freundes am Guadalupe River. Es war ein warmer Herbsttag und der Wasserstand war hoch. Wir nutzten den schönen Nachmittag mit dem blauen Himmel, um das Ufer zu erkunden. Irgendwann erreichten wir eine schöne, imposante Eiche, von der sich ein dicker Ast ein gutes Stück über den Fluss erstreckte. Jemand hatte am Ende des Astes ein altes Seil befestigt, das über der Mitte des Flusses baumelte.

Sie können sich sicher ausmalen, was wir dachten. *Ja, es ist November. Das Wasser ist kalt. Wir sind nicht mehr die Jüngsten und wir haben Jeans an ... aber würde es nicht wahnsinnig viel Spaß machen, sich ins Wasser zu stürzen?*

Wir zogen das Seil mithilfe eines langen Stocks zu uns heran. Obwohl es verwittert und ausgefranst war, schien es noch recht robust zu sein. Und obwohl der Baum alt war, sah der Ast stabil aus. Aber würde er uns tragen? Oder würde er bei der leisesten Belastung brechen und den ersten Wagemutigen sofort im seichten Schlamm landen lassen, statt ihn in den Fluss hinauszubefördern?

Während wir das Seil prüften und mit Wasser herumspritzten, war einer der Männer plötzlich sehr mutig. „Ich bin dann mal weg!" Er schnappte sich das Seil und rannte auf den Fluss zu, als wäre dieser die Ziellinie eines Footballfeldes. Er sprang und flog. Wir schluckten und schauten zu. Der Ast bog sich und das Seil dehnte sich. Aber es hielt ihn, und er hielt sich fest, bis er die halbe Strecke nach Dallas zurückgelegt hatte. Zumindest gefühlt. Dann platschte er ins Wasser und tauchte nach wenigen Momenten wieder auf. Wir brauchten keine Extraeinladung, um ihm zu folgen.

Wann hatten wir daran geglaubt, dass das Seil halten würde? Als wir es heranzogen? Als wir es untersuchten? Nein, wir glaubten erst daran, als wir uns mit unserem gesamten Gewicht daran hängten.

Und genau das tat auch Johannes: Er hing sein gesamtes „Lebensgewicht" an Jesus Christus.

„Er sah und glaubte."

Was bewegte ihn zu dieser Entscheidung? Johannes hatte zu diesem Zeitpunkt weder das Gesicht von Jesus gesehen noch seine Stimme gehört oder seinen Körper berührt. Das würde alles noch geschehen. Aber bis zu diesem Moment war noch nichts davon passiert. Trotzdem glaubte Johannes. Welcher Beweis brachte Johannes dazu?

Was sagt er selbst? Zusammen mit Petrus „... sah [er] die Leinentücher daliegen" (Johannes 20,5). Johannes benutzte ein griechisches Wort für *daliegen,* was übersetzt so viel bedeutet wie *noch gefaltet* [5] oder *in den Originalfaltungen* [6]. „Der Körper fehlt, aber die Tücher sind unverändert." [7] Die einbalsamierte Hülle lag noch genauso da, wie sie sie Freitagabend zurückgelassen hatten, mit einem elementaren Unterschied: Jesus war nicht länger darin. Er hatte den Kokon verlassen.[8]

Johannes starrte die leere Hülle an und wog die Beweise ab.

Zunächst war da das leere Grab. Grabräuber hatten den Leichnam zweifellos nicht gestohlen. Sie hätten sich sicher nicht die Mühe gemacht, ihn vorsichtig aus den Tüchern auszuwickeln.

Warum hätten sie das auch tun sollen? Sie hätten keinen Grund dafür gehabt und sich wahrscheinlich auch nicht die Zeit genommen.

Die Familie von Jesus oder seine Nachfolger hatten den Leichnam ebenfalls nicht geraubt. Warum hätten sie seinen Körper dadurch entehren sollen, dass sie die Leichentücher abwickelten? Wenn sie es doch aus irgendeinem Grund hätten tun wollen, bewiesen die noch intakten Grabtücher das Gegenteil.

Dann gab es da noch die Kopfbinde. „Das Tuch, das den Kopf von Jesus bedeckt hatte, lag zusammengefaltet auf der Seite" (Johannes 20,7). Grabräuber hätten keinen Grund gehabt, die Tücher zu entfernen. Und wenn doch, dann hätten sie die Tücher in eine Ecke geworfen. Das Gleiche gilt für die Nachfolger von Jesus. Warum sollte jemand die Kopfbinde entfernen, sie ordentlich zusammenfalten und beiseitelegen?

Johannes zählte eins und eins zusammen: Der Stein war weggerollt, das Grab war leer, die Leichentücher waren unberührt, und die Wachen hatten nichts davon mitbekommen! Es gab nur eine Erklärung, die Sinn ergab: Jesus selbst hatte es getan! Er war durch die Binden hindurchgeglitten, als wären sie ein sanfter Morgennebel.

Johannes sah die Tücher und begann, wirklich zu glauben. Er vertraute Jesus Christus, so wie wir dem Seil vertrauten. Was muss das für ein Augenblick gewesen sein!

Vielleicht strich er mit der Hand über die leere Steinplatte oder er entdeckte auf dem staubigen Boden die Abdrücke von Füßen. Und ganz bestimmt atmete er den süßen Duft von 30 Kilogramm Balsamölen ein, der immer noch in der Luft hing. Was den Toten hatte ehren sollen, diente nun dazu, einen König zu salben.

Vielleicht stupste Johannes seinen Freund, der neben ihm im leeren Grab stand, mit dem Ellenbogen an. „Er lebt, Petrus!

Niemand hat seine Leiche geraubt. Niemand ist in der Lage gewesen, ihn umzubringen. Er hat den Stein beiseitegerollt, damit wir das Grab betreten können. Los, wer zuerst bei den anderen ist, darf das Evangelium schreiben!“

Johannes sah die Tücher und begann zu glauben.

Ich erinnere mich noch an den Moment meines Lebens, als ich wirklich zu glauben begann. Mit 20 fing ich an, Jesus nachzufolgen, aber als ich 22 oder 23 Jahre alt war, hielten Zweifel Einzug. Ich gestand einem Freund: „Ich bin nicht sicher, ob ich wirklich glaube.“ Seine Antwort war denkbar einfach: „Dann beantworte doch einmal die folgende Frage, Max: Wo ist der Körper des gekreuzigten Jesus?“

Ich weiß inzwischen, dass seine Argumentation zum Einmaleins der christlichen Apologetik gehört. Der Gedanke ist folgender: Wenn Jesus Christus das Grab nicht verlassen hat, wenn sein Körper immer noch im Grab liegt ...

... warum haben seine Feinde diesen dann nicht vorgezeigt, als Gerüchte über seine Auferstehung aufkamen? Sie wussten doch, wo er beerdigt wurde. Sie hätten den Körper nur einmal vorzeigen müssen und die Kirche wäre gewissermaßen im Keim erstickt worden.

Warum hat die Öffentlichkeit keinen Einspruch dagegen erhoben? An Pfingsten, knapp 50 Tage nach der Auferstehung, verkündete der Apostel Petrus einer Menge von mehr als 3000 Menschen in Jerusalem, dass der Messias „nicht bei den Toten bleiben und sein Leib nicht im Grab verwesen“ würde. Er fügte hinzu: „Diese Weissagung bezog sich auf Jesus, den Gott von den Toten auferweckt hat, was wir alle bezeugen können“ (Apostelgeschichte 2,31–32).

Ich stelle mir vor, wie die Apostel, die am Abendmahl teilgenommen hatten, „Amen!“ riefen, wie die 120 Jünger, die zu Pfingsten den Heiligen Geist empfangen hatten, „Amen!" jubelten und die mehr als 500 Jünger, die den auferstandenen Jesus gesehen hatten (nachzulesen in 1. Korinther 15,6), diese Aussage mit einem lauten „Amen!" bekräftigten. Niemand – ganz offensichtlich niemand – hatte glaubwürdige Einwände gegen die Auferstehung.

Und natürlich hätten sie diese vorgebracht, wenn sie es gekonnt hätten. Die Gegner von Jesus hätten Petrus mit Sicherheit gern den Wind aus den Segeln genommen. Aber sie hatten nichts vorzubringen. Sie konnten keinen Körper herzeigen. Wie sich herausstellen sollte, war ihr Schweigen die überzeugendste Predigt.

Die Auferstehung von Jesus ist der Dreh- und Angelpunkt der christlichen Botschaft. Der Apostel Paulus macht das in seinem 1. Brief an die Gemeinde in Korinth sehr deutlich: „Wenn aber Christus nicht auferstanden ist, dann ist euer Glaube nutzlos, und ihr seid nach wie vor in euren Sünden gefangen" (1. Korinther 15,17). Wenn Jesus aber auferstanden ist, so könnten wir entgegnen, dann ist unser Glaube bedeutungsvoll und wir sind von unseren Sünden befreit.

Nehmen Sie die Ostereinladung an. Betreten Sie das Grab. Schauen Sie sich die Fakten an. Und vor allem: Machen Sie sich bewusst, welche Konsequenzen das hat. Wenn Jesus wirklich von den Toten auferstanden ist, ergibt der christliche Glaube Sinn. Sie dürfen die Auferstehung wirklich einer Prüfung unterziehen. Jesus ist sich sicher bewusst, dass das alles weit hergeholt klingt. Glaube ist schließlich nicht unsere Muttersprache. Zögern? Erwünscht. Vorsichtig sein? Erwünscht. Man muss nicht leichtgläubig sein, um Christ zu sein. Jesus lädt die Suchenden ein, sich seinen auferstandenen Körper anzuschauen.

Glaube ist nicht die Abwesenheit von Zweifeln. Glaube ist die Bereitschaft, die schwierigen Fragen zu stellen. Wie meine

Mentorin Lynn Anderson zu sagen pflegt: „Glaube ist die Entscheidung, Gott nach bestem Wissen nachzufolgen und nicht aufzugeben."

Der Stein ist immer noch zur Seite gerollt. Die Kopfbinde liegt immer noch gefaltet im Grab. Die Hülle ist immer noch leer. Schauen Sie sich die Beweise an. Lassen Sie sich darauf ein – vielleicht können Sie dann wie Johannes glauben.

Kapitel 11

Frühstück mit Jesus

Leonardo da Vincis Gemälde *Das letzte Abendmahl* begann schon bald nach seiner Fertigstellung zu verfallen. Das hatte mehrere Gründe. Zum Teil trug der Künstler die Schuld daran. Der Mailänder Herzog Ludovico Sforza hatte das Gemälde um 1494 als Teil der Renovierungsarbeiten eines Klosters in Auftrag gegeben. Weil da Vinci das Bild jedoch nicht als Freskogemälde auf frischem Putz gestaltete, sondern versuchte, die Öltechnik für die Wandmalerei zu nutzen, haftete die Farbe nicht richtig an der Oberfläche, sondern begann nach 20 Jahren abzublättern.

Weiterhin war der Verfall aber auch auf die Umgebung zurückzuführen. Das Refektorium befindet sich in einem niedrig gelegenen Bereich der Stadt, wo eine hohe Luftfeuchtigkeit herrscht. Die nördliche Wand, die da Vinci bemalte, war feucht.

Das Gemälde wurde auch nicht immer gut gepflegt. Jahrzehntelang war es ungeschützt dem Dampf der nahe gelegenen Küche sowie dem Kerzenrauch des Altarraums ausgesetzt. Es wurde sogar eine Tür in die Mauer eingesetzt, wodurch die Füße Jesu abgeschnitten wurden. Unter Napoleon wurde das Refektorium in einen Pferdestall umgewandelt und in ihrer Freizeit bewarfen die Soldaten das Gemälde mit Steinen. Bei einem Hochwasser stand die Abtei darüber hinaus zwei Wochen lang bis zu einer Höhe von sechzig Zentimetern unter Wasser. Die Überschwemmung hinterließ grünen Moder auf dem Gemälde. Am 16. August 1943 traf eine Bombe der Royal Air Force den Konvent und zerstörte die Südwand des Refektoriums und einen angrenzenden Kreuzgang.

Es grenzt an ein Wunder, dass das Gemälde noch existiert. Der Dank dafür gebührt den Kunstrestauratoren. Viele Male haben Expertinnen und Experten ihre besonderen Fähigkeiten genutzt, um *Das Abendmahl* zu retten. Sie wurden nicht müde, ihr Bestes zu geben. Die letzten Restaurierungsarbeiten dauerten 22 Jahre; sie begannen 1977 und endeten 1999.[1]

Der Restaurator, der teils Historiker, teils Chemiker ist, stellt sich dabei immer wieder die eine Frage: „Was war die ursprüngliche Absicht des Künstlers?" Die Werkzeuge können Lupen, ein Liter Aceton, Bürsten, Baumwolltupfer und synthetischer Lack sein. Zentimeter für Zentimeter vollziehen die Restauratoren die Pinselstriche des Malers nach, fördern die Farbe wieder zutage und machen das Genie des Künstlers sichtbar.

Dank der Arbeit von Restauratorinnen und Restauratoren kann man das Werk da Vincis heute noch bewundern.

Dank Jesus kann auch das Leben der Menschen wiederhergestellt werden, die versuchen, ihm nachzufolgen. Die Jahre machen selbst den hingebungsvollsten Christinnen und Christen zu schaffen. Unsere Seelen werden verschmutzt. Unser Farbglanz geht verloren. Auch wir brauchen Pflege und Restauration.

Den Beweis dafür liefert die Bibel. Wir führen gern Abraham als Vorbild an, obwohl er sich einst weigerte, sich zu seiner Frau zu bekennen. Wir freuen uns über Davids Worte. Aber wir wissen auch, dass er sich an der Frau eines Freundes „erfreute". Rahab ist eine der wenigen Frauen, die im Stammbaum von Jesus erwähnt werden. Dabei ging sie dem ältesten Gewerbe der Welt nach, der Prostitution. Paulus brachte Christen um, bevor er anfing, sie zu lehren. Jakobus und Johannes waren die „Donnersöhne", bevor sie Apostel des Friedens wurden. Die Jünger von Jesus stritten sich wie Kinder, bevor sie wie Märtyrer starben. Die Bibel ist voll von berühmten Versagern.

Wir geben unseren Kindern ihre Namen. Wir singen Lieder über sie. Wir geben uns Mühe, ihrem Vorbild zu folgen. Aber lassen Sie uns einmal ehrlich sein: Es gibt nicht einen Menschen in der Bibel, der sich nicht auch mal menschlich verhalten hätte. Sie alle haben irgendwann einmal – in übertragenem Sinne – die Schweine gehütet, genau wie der verlorene Sohn.

Und das Gleiche gilt auch für uns.

Es wäre gut, wenn wir uns das eingestehen, damit wir wieder ins Reine kommen und uns nicht länger verstecken müssen. Wir sind nämlich ebenfalls gefallen, und zwar ziemlich tief, und wir sollten uns ehrlich die Frage stellen, warum Gott uns um alles in der Welt immer noch seine Kinder nennt. Ich spreche hier nicht von unschuldigen Irrtümern, Fehlverhalten und kleinen Versehen. Ich meine unsere Jona-Momente, in denen wir uns von Gott abgewandt haben, unsere Elia-Momente, in denen wir vor Gott davongelaufen sind, und unsere Jakob-Momente, in denen wir Gott herausgefordert haben.

Wenn Sie über Ihre schlimmsten „Vergehen" nachdenken, wohin führt Sie dann Ihre Erinnerung? In ein Studentenwohnheim? In ein Hotel? Oder fällt Ihnen da eine nicht ganz legale geschäftliche Transaktion ein? An welche Zeit in Ihrem Leben müssen Sie da denken? Einigen von Ihnen fällt bestimmt die Rebellion in Ihrer Jugend ein. Anderen die Midlife-Crisis. Oder Ihre Zeit beim Militär? Eine längere Geschäftsreise ins Ausland? Haben Sie Ihre Freunde im Stich gelassen? Ihre Überzeugungen verraten?

Haben Sie sich gefragt, ob Gott Sie je wieder gebrauchen könnte? Wenn ja, dann schauen Sie sich mal eine Geschichte im Johannesevangelium an: das Wunder von Petrus' Wiederherstellung.

„Wiederherstellung" ist ein ungewöhnliches Wort – aber gewissermaßen die zweite Strophe vom „Lied der zweiten Chance". In Strophe 1 vergibt uns Gott. In Strophe 2 schenkt er uns einen Neuanfang, sodass wir wieder dienen können. Er wäscht uns rein – und das aus einem bestimmten Grund: damit wir wieder Zeugen seiner Güte sein können und wie Gemälde in seiner Galerie hängen dürfen.

Hat Jesus nicht genau das mit Petrus gemacht?

Die Freundschaft zwischen Jesus und dem Apostel begann drei Jahre vor der Kreuzigung am See Genezareth. Petrus, ein Fischer, hatte die ganze Nacht mit Freunden gefischt. Jesus, ein Zimmermann, hatte den ganzen Morgen gepredigt. Die Fischer hatten nichts gefangen und waren ratlos. Jesus schlug ihnen vor, wo sie ihr Netz auswerfen sollten. Petrus und die anderen hätten den Rat verständlicherweise verwerfen können. Sie waren müde. Sie wollten sich ausruhen. Und außerdem kannte sich Jesus gut mit Holz aus, nicht aber mit der Fischerei. Ich rechne es Petrus hoch an, dass er den Rat annahm und daraufhin so viel fing, dass die Netze zu reißen drohten (nachzulesen in Lukas 5,1–7).

Und so begann die Achterbahn-Freundschaft von Jesus und Petrus. „Achterbahn" deshalb, weil sie von Höhen und Tiefen gekennzeichnet war. Aber kein Augenblick führte Petrus tiefer hinab als die Nacht, in der er das Versprechen brach, das er Jesus gegeben hatte.

Es war der Vorabend der Kreuzigung. Jesus hatte seinen Jüngern gesagt, dass sie ihn alle verlassen würden.

Da sagte Petrus zu ihm: „Auch wenn alle anderen sich von dir abwenden, ich werde es nicht tun."
„Petrus", entgegnete Jesus, „ich sage dir: Noch heute Nacht, bevor der Hahn zwei Mal kräht, wirst du mich drei Mal verleugnen."
„Nein!", beharrte Petrus. „Und wenn ich mit dir sterben müsste! Niemals werde ich dich verleugnen!" Und auch die anderen Jünger beteuerten dies (Markus 14,29–31).

Doch Petrus' Entschlossenheit hielt nicht lange vor. Als die Römer Jesus verhafteten, rannten er und die anderen Nachfolger wie geprügelte Hunde davon. Petrus brachte immerhin genug Mut auf, um zum Scheinprozess zurückzukehren. Aber nicht genug Mut, um den Gerichtssaal zu betreten. „Petrus folgte ihnen in weitem Abstand und schlich sich durch das Tor in den Hof des hohepriesterlichen Palastes. Eine Weile saß er bei den Wachen und wärmte sich am Feuer" (Markus 14,54).

Das Feuer wärmte seinen Körper, aber die Furcht ließ sein Herz erkalten. Als er auf seine Beziehung zu Jesus angesprochen wurde, leugnete er, Jesus je gekannt zu haben.

Und Petrus erwiderte: „Ich schwöre bei Gott, ich kenne den Mann nicht, von dem ihr redet."
In diesem Augenblick krähte der Hahn zum zweiten Mal. Da erinnerte sich Petrus daran, was Jesus zu ihm gesagt hatte: „Bevor der Hahn zwei Mal kräht, wirst du mich drei Mal verleugnen." Und er brach zusammen und weinte (Markus 14,71–72).

Ich vermute, dass Petrus von diesem Tag an jedes Mal, wenn ein Hahn krähte, ein flaues Gefühl im Magen bekam.

Jesus wurde schließlich gekreuzigt und starb. Petrus versteckte sich und starb wahrscheinlich innerlich. Der Freitag war ein tragischer Tag, der Samstag ein stiller. Und der Sonntag? Jesus Christus zertrat Satan, der Schlange des Todes, den Kopf, erstand wieder auf und verließ das Grab. Als die Jüngerinnen die leere Grabstätte entdeckten, sagte der Engel zu ihnen:

> *„Habt keine Angst. Ihr sucht Jesus von Nazareth, der gekreuzigt wurde. Er ist nicht hier! Er ist von den Toten auferstanden! Seht, das ist die Stelle, an der sie ihn hingelegt haben. Geht jetzt zu seinen Jüngern und sagt ihnen, auch Petrus: Jesus geht euch nach Galiläa voraus. Dort werdet ihr ihn sehen, wie er es euch gesagt hat, bevor er starb!"* (Markus 16,6–7).

Fällt Ihnen etwas auf? Petrus hatte steif und fest behauptet, Jesus nicht zu kennen. Nein, er hatte es sogar geschworen! Und doch sagte der Engel – ohne Zweifel auf Befehl von Jesus hin – den Frauen: „Sorgt dafür, dass Petrus die Botschaft bekommt. Lasst ihn nicht außen vor. Er soll nicht einen Moment lang denken, er wäre jetzt draußen." Der ganze Himmel hat Petrus' Scheitern mitbekommen. Und jetzt scheint der ganze Himmel Petrus auch helfen zu wollen, wieder auf die Füße zu kommen.

Als ich sechs Jahre alt war, spielten mein Bruder und ich Fangen. Wir rannten die Gänge in einem Lebensmittelgeschäft auf und ab. Mom ermahnte uns, dass wir uns benehmen sollten, aber wir hörten nicht auf sie. Ich erinnere mich noch, wie ich um eine Ecke bog und im letzten Moment ein freistehendes Regal mit Honiggläsern bemerkte. Doch ich konnte nicht mehr bremsen und stieß alles um. Gläser flogen in alle Richtungen davon – Gläser voller Honig! Die Kunden blieben stehen und rissen die Augen auf. Der Filialleiter eilte ebenfalls herbei.

„Wo sind deine Eltern?“, bellte er.

Ich saß auf dem Boden, über und über mit klebrigem Honig bedeckt. Ich sah den Honig an. Ich sah den Filialleiter an. Ich fragte mich, wie viele Jahre ich dafür wohl ins Gefängnis musste. Dann hörte ich von hinten die Stimme meiner Mutter: „Er gehört zu mir“, sagte sie. „Wir werden das wieder in Ordnung bringen.“

Jesus empfand dasselbe für Petrus: „Er gehört zu mir. Ich werde das wieder in Ordnung bringen.“

Die Wiedergutmachung fand am See Genezareth statt. Petrus und die anderen Jünger reisten die 130 Kilometer nach Norden an den See. Wir wissen nicht, warum sie das taten, aber sie fuhren zum Fischen hinaus, und „sie fingen die ganze Nacht über nichts“ (Johannes 21,3). Wieder einmal keine Fische. Wie kann es sein, dass Berufsfischer, die auf diesem Gewässer praktisch aufgewachsen sind, die ganze Nacht auf dem See zubringen, ohne auch nur ein winziges Fischlein zu fangen? Und wie kann es sein, dass ein Fremder, der am Ufer steht, mehr Ahnung vom Fischen hat als sie?

> *Bei Morgengrauen sahen die Jünger Jesus am Ufer stehen, doch sie konnten nicht sehen, wer es war. Er rief ihnen zu: „Freunde, habt ihr etwas gefangen?“*
> *Sie antworteten: „Nein.“*
> *Da sagte er: „Werft euer Netz auf der rechten Seite des Bootes aus, dann werdet ihr etwas fangen!“ Sie taten es, und bald konnten sie das Netz nicht mehr einholen, weil so viele Fische darin waren* (Johannes 21,4–6).

Gibt es ein aramäisches Wort für *Déjà-vu?* Sicher erinnerten sich die Jünger an eine andere Nacht an diesem See, in der sie sich vergebens abgemüht hatten. Wieder und wieder hatten sie das Netz ausgeworfen. Wieder und wieder war es auf dem Wasser aufgeschlagen. Die Abenddämmerung war in die Nacht übergegangen. Die Sterne waren am Himmel erschienen, doch die Fische waren tief unten im Wasser geblieben. Schließlich war die Sonne am Horizont aufgetaucht.

An einem Morgen wie damals hatte ihnen ein Nicht-Fischer geraten, es noch einmal zu versuchen. Und genau das hatten sie getan. Was damals passiert war, passierte nun ein zweites Mal: Das Netz füllte sich mit zappelnden, silbrigen Fischen. Sie wurden plötzlich von Fischen geradezu überschwemmt. Und das alles nur, weil ihnen ein Außenstehender einen Tipp gegeben hatte. Sie „konnten [...] das Netz nicht mehr einholen, weil so viele Fische darin waren“ (Johannes 21,6).

In diesem Augenblick ging Johannes ein Licht auf. Der Fremde am Ufer war nicht länger ein Fremder. „Da sagte der Jünger, den Jesus liebte, zu Petrus: ‚Es ist der Herr!‘ Als Simon Petrus hörte, dass es der Herr war, legte er sein Obergewand an – denn er hatte es zur Arbeit ausgezogen –, sprang ins Wasser und schwamm ans Ufer“ (Johannes 21,7).

Er schoss wie ein Pfeil durchs Wasser Richtung Strand. Und jetzt raten Sie mal, was er sah, als er auf Jesus zuging: „ein Kohlenfeuer“ (Johannes 21,9).

Das letzte Mal, als in diesem Evangelium ein Kohlenfeuer erwähnt wurde, hatte Petrus danebengestanden. Er hatte geflucht wie ein Matrose und geleugnet, Jesus zu kennen.

Ich denke, das Kohlenfeuer war Jesu Art zu sagen: „Ich weiß, was du getan hast. Wir müssen reden ...“ Wir hätten wahrscheinlich erwartet, dass Jesus ein ernstes Wörtchen mit Petrus sprechen und ihm vorhalten würde, dass er sein Versprechen gebrochen hatte. Wir hätten erwartet, dass Jesus Petrus ein lautes

„Hatte ich dir's nicht gesagt?!" an den Kopf geworfen hätte. Er hätte mahnend seine durchbohrte Hand heben und fragen können: „Hast du deine Lektion gelernt, Petrus?" Eine göttliche Standpauke wäre durchaus angebracht gewesen.

Aber nein. Jesus sagte nur: „Kommt her und frühstückt!" (Johannes 21,12)

Jesus hatte Kaffee gemacht.

Wer hätte mit einer solchen Einladung gerechnet? Jesus war nur wenige Tage zuvor als Sühneopfer für die Menschheit gestorben. Er hatte den Teufel besiegt und dank ihm war jedes Grab in Zukunft nur noch eine vorübergehende Behausung. Die Engel im Himmel waren bereit zu feiern. Sie hielten schon das Konfetti bereit und nahmen Aufstellung für eine Parade am Himmelstor. Aber die Party musste noch warten.

Jesus wollte lieber Fisch für seine Freunde braten. Er wollte lieber Petrus' Herz und seinen Dienst wiederherstellen. Er sah, dass dessen Herz mit Schuld und Scham erfüllt war, und beschloss, es erst einmal davon zu befreien.

Nachdem sie gefrühstückt hatten, fragte Jesus Petrus: „Simon, Sohn des Johannes, liebst du mich mehr als die anderen?" (Johannes 21,15). Ich stelle mir vor, dass Jesus dabei auf die Jünger deutete. Und Petrus? Petrus hatte in der Vergangenheit ja schon gesagt, dass er das tat. „Selbst wenn dich alle verlassen, ich werde bei dir bleiben" (Matthäus 26,33). Aber Petrus war gescheitert, schmerzhaft und für alle sichtbar. Also brachte Jesus wieder alles in Ordnung, ganz persönlich und für alle sichtbar. Petrus hatte drei Mal geleugnet, zu Jesus zu gehören. Und entsprechend stellte Jesus ihm drei Fragen:

„Liebst du mich mehr als die anderen?" (Johannes 21,15).

„Liebst du mich?" (Johannes 21,16).

„[H]ast du mich lieb?" (Johannes 21,17).

Petrus nutzte die Gelegenheit und bekundete seine Reue über seine dreifache Verleugnung mit einem dreifachen Bekenntnis:

„Ja, Herr, du weißt, dass ich dich lieb habe" (Johannes 21,15).

„Ja, Herr, du weißt, dass ich dich lieb habe" (Johannes 21,16).

„Du weißt, dass ich dich lieb habe" (Johannes 21,17).

Jesus verwendet an dieser Stelle zunächst zweimal ein starkes Wort für Liebe: *agape*, uneigennützige, göttliche Liebe. Petrus antwortete mit einem bescheideneren Wort – *phileo* –, was *freundschaftliche Liebe* bedeutet. Er prahlt nicht länger, sondern ist jetzt aufrichtig und ehrlich. Also setzte Christus ihn mit einem dreifachen persönlichen Auftrag wieder in seinen Dienst ein:

„Weide meine Lämmer" (Johannes 21,15).

„Hüte meine Schafe" (Johannes 21,16).

„Weide meine Schafe" (Johannes 21,17).

Jesus hatte eine Aufgabe für Petrus. Es gab Herden, die Petrus weiden sollte. Der Apostel war entmutigt, aber nicht untauglich für den Dienst.

Und Sie? Befinden Sie sich gerade auch irgendwo zwischen den beiden Feuern? Haben Sie das Gefühl, versagt zu haben und gescheitert zu sein? Zweifeln Sie daran, dass Gott überhaupt noch einen liebevollen Plan für Sie hat? Diese Geschichte soll Sie daran erinnern, dass er mit Ihnen noch nicht fertig ist. Vielleicht liegen Sie gerade am Boden, aber das bedeutet nicht, dass Sie auch das Handtuch werfen müssen. Vielleicht *fühlen* Sie sich allein, aber Sie *sind* es nicht. Jesus machte sich auf die Suche nach Petrus und rettete ihn. Er wird das Gleiche für Sie tun. „Jesus [kann] euch bewahren …, damit ihr nicht fallt" (Judas 24).

Könnten Sie ein Frühstück gebrauchen?

Jesus ist der Held in dieser Geschichte. Er war es, der Petrus fand, der ihn berief, den Fischfang für ihn inszenierte, ein Feuer für ihn anzündete, Frühstück für ihn machte. Er akzeptierte

Petrus' Bekenntnis und gab ihm einen neuen Auftrag. Wenn der Abstand zwischen Petrus und Jesus 100 Schritte betrug, dann ging Jesus 99 ½ auf Petrus zu.

Aber Petrus musste auch noch seinen Beitrag leisten.

Er erfuhr, dass er Jesus in Galiläa treffen sollte, und deshalb ging er hin.

Er hörte, dass Jesus am Ufer stünde, und sprang ins Wasser und eilte auf ihn zu.

Jesus stellte ihm Fragen und er antwortete.

Er gehorchte. Er antwortete. Er sprach. Mit anderen Worten: Er hielt an der Gemeinschaft mit Jesus fest.

Vielleicht ist Ihnen im Augenblick nach nichts von alledem zumute. Versagen und Leugnen gehen meist Hand in Hand. Und wenn man etwas leugnet, dann führt das oft dazu, dass man genau den meiden möchte, den man am meisten braucht. Geben Sie diesem Drang nicht nach. Gehen Sie auf Jesus zu. Reden Sie mit Jesus, und hören Sie zu, wenn er mit Ihnen spricht. Gehorchen Sie ihm.

Ein Neuanfang ist für einige von Ihnen genau das Wunder, das Sie gerade brauchen. Sie finden die Geschichte des Blinden, der wieder sehen konnte, oder des Lahmen, der wieder laufen konnte, großartig. Die wundersame Brotvermehrung und die bis zum Überfluss gefüllten Weinfässer begeistern Sie ebenfalls. Aber was Sie persönlich brauchen, ist ein Neuanfang.

Jesus will genau das für Sie tun.

Mir hat er auf jeden Fall einen ermöglicht. Häufiger, als ich denken kann, habe ich Jesus am Ufer stehen sehen. Bei einer Gelegenheit sah er sogar meiner Frau ausgesprochen ähnlich. Die Geschichte begann mit dem Kauf eines neuen Smartphones. Ich war von einem Klapphandy auf ein Smartphone aufgestiegen, mit dem ich ins Internet konnte. Und damit war ich immer vorsichtig.

Es beunruhigt mich zu wissen, dass ich immer nur ein paar Klicks davon entfernt bin, versehentlich Bilder von Frauen zu sehen, die ich mir eigentlich nicht anschauen sollte. Deshalb habe ich auf allen meinen Geräten einen Jugendschutzfilter eingerichtet.

Doch bei meinem ersten Smartphone war ich in dieser Hinsicht noch nicht besonders schlau. Ich nahm es mit ins Büro, packte es aus und schaltete es ein. *Wow, ich kann mir die Nachrichten anschauen, Sportereignisse, meine E-Mails – alles hier von meinem Handy aus!* Da kam mir ein Gedanke. *Ist dieses Gerät irgendwie gesichert?*

Ich hätte in diesem Augenblick Folgendes tun sollen: den Flur hinuntergehen und unser Technikteam bitten, sich darum zu kümmern. Stattdessen tat ich Folgendes: Ich gab ein paar Begriffe ein, durch die ich auf einem Smartphone ohne Jugendschutzfilter Zutritt zu einer Welt bekommen könnte, die ich eigentlich nicht betreten wollte. In Sekundenschnelle hatte ich diese Welt betreten und sah einschlägige Bilder auf meinem Display. Ich warf nur einen kurzen Blick darauf, aber jeder Blick ist schon einer zu viel.

Ich schaltete das Smartphone aus, steckte es in meine Tasche und lehnte mich in meinem Stuhl zurück. *Was hast du da gerade getan?*, fragte ich mich. Ich beschloss, einen Jugendschutzfilter installieren zu lassen, aber als ich versuchte, das Technikteam telefonisch zu erreichen, hatten die Kollegen bereits Feierabend und waren nicht mehr da. Also fuhr ich nach Hause.

Obwohl seit diesem Abend fast ein Jahrzehnt vergangen ist, kann ich mich noch lebhaft daran erinnern. Denalyn kochte gerade das Abendessen. Ich ging in die Küche und legte den Inhalt meiner Taschen auf die Anrichte. Sie entdeckte mein neues Smartphone und nahm es in die Hand.

„Oh, du hast ein neues Handy?“ Sie schaltete das Display an und zu meinem Entsetzen war das schlimme Bild noch zu sehen.

Es brach mir das Herz, mitanzusehen, wie sehr sie das verletzte. Ich versuchte, ihr die Situation zu erläutern, aber meine Erklärung kam selbst mir unsinnig und unstimmig vor. Den ganzen Abend hing eine dicke Regenwolke über uns. Wir versuchten zu reden, waren aber beide noch zu aufgewühlt. Ich konnte kaum schlafen. Als ich das Bett verließ, war der Himmel noch dunkel. Meine Seele auch.

Ich ging ins Badezimmer und schaltete das Licht an. Dort wurde mir klar, dass Denalyn ebenfalls bereits wach war. Sie war zwar nicht mehr im Badezimmer, aber sie war dort gewesen. Auf meinem Spiegel war ein riesiges Herz zu sehen, das sie mit Lippenstift gemalt hatte. In der Mitte stand: „Ich liebe dich. Ich vergebe dir."

Petrus bekam ein Frühstück am See. Max bekam ein Lippenstiftherz auf dem Spiegel. Beiden wurde uns Gnade zuteil. Reine Gnade.

Niemand geht durchs Leben, ohne hin und wieder zu versagen. Niemand. Petrus schaffte es nicht. Jakob auch nicht. König David nicht und Salomo ebenfalls nicht. Ich habe es nicht geschafft und Ihnen wird das auch nicht gelingen. Wir alle sind dazu imstande, genau das zu tun, was wir so dringend vermeiden wollen. An irgendeinem Punkt gehen die Pferde mit uns durch und wir verlieren die Kontrolle – für den Moment, einen Tag, ein Jahrzehnt.

Falls Ihnen das passiert ist, dann erinnern Sie sich doch mal an das Frühstück am See.

Sobald es Ihnen passiert, erinnern Sie sich doch mal an das Frühstück am See.

Jesus ermöglicht immer noch das, was er auch Petrus ermöglichte: einen vollständigen, umfassenden Neuanfang.

Petrus hielt daraufhin die erste Predigt der Kirchengeschichte. Er hatte am ersten Pfingstfest das Vorrecht, zum ersten Mal in aller Öffentlichkeit die Gute Nachricht zu verkünden. Wenn wir uns vorstellen, wie er vor der riesigen Menschenmenge in Jerusalem steht, dann lassen Sie uns auch daran denken, dass er noch weniger als zwei Monate zuvor an einem Feuer gestanden hatte. Gibt es jemanden, der den verleugnenden Petrus in einen verkündenden Petrus verwandeln kann? Ja, Jesus.

Er hat es damals getan. Und er tut es heute noch.

Kapitel 12

Glauben, einfach nur glauben!

Stellen Sie sich einen Mann mittleren Alters vor, der im Swimmingpool eines Motels verrückte Verrenkungen macht. Seine vierjährige Tochter steht am Beckenrand und beäugt ihn zögerlich. Ihre Mom sitzt auf einer Sonnenliege und stößt einen Seufzer aus. Andere Gäste betrachten den Mann ebenfalls und zweifeln an seinem Verstand. Außer vielleicht, wenn sie das selbst schon einmal getan haben. Dann können sie ihn verstehen.

Es ist nämlich nicht immer einfach, ein Kind davon zu überzeugen, in den Pool zu springen. Ich dachte jedenfalls, es wäre an der Zeit, dass Jenna über ihren Schatten sprang. Sie war sich da aber nicht so sicher. Meine Tochter stand am Beckenrand, die Zehen regelrecht in den Beton gekrallt, die Arme um den Oberkörper geschlungen, und schaute zu, wie ich engagiert jedes akrobatische Über- und Unterwasserkunststück aufführte, das mir bekannt war.

„Schau mal, das macht richtig Spaß!", sagte ich, während ich auf dem Rücken trieb, zum Grund hinabtauchte oder so tat, als wäre ich ein Belugawal, der zum Beckenende schwamm.

Ich wollte wirklich, dass Jenna ins Wasser sprang, dass sie schwamm und in die wunderbare Welt des Wassers eintauchte. Ich war in unmittelbarer Nähe eines Schwimmbades aufgewachsen, wo man für 25 Cent einen Tag lang vom Turm springen, Bauchklatscher machen und so lange im Wasser herumtoben und spielen konnte, dass einem förmlich Schwimmhäute zwischen den Fingern wuchsen.

„Spring, ich fange dich auf!", rief ich Jenna zu.

„Du wirst es lieben!", rief ich Jenna zu.

„Vertrau mir einfach!", rief ich Jenna zu.

Und schließlich tat sie es.

Sie sprang. Sie machte den entscheidenden Schritt. Sie landete im Wasser. Sie bewegte sich vom „Rand des Beckens" zum „Inneren des Beckens".

Ich fing sie auf, wie ich es ihr versprochen hatte.

Sie überlebte, wie ich es ihr versprochen hatte.

Und sie liebte es.

All das geschah, weil sie meinen Worten Glauben schenkte.

Wir Prediger stellen die Sache mit dem Glauben oft sehr kompliziert dar. Wir versuchen, ihn in allen Details zu beschreiben. Wir verfassen Aufsätze darüber, wann jemand genau errettet ist, versuchen Beweise dafür zu finden, dass jemand seine Schuld wirklich bereut. Wir zählen wieder und wieder bis ins kleinste Detail auf, was man wissen muss und was zu tun ist.

Vielleicht ist das ein bisschen naiv und vereinfachend, aber ich glaube, dass Gott ein guter Vater ist. Ich denke, er versteht etwas vom Leben. Und ich denke, er lädt uns ein, den Schritt zu machen und ins Wasser zu springen – nicht in ein Schwimmbecken, sondern in eine Beziehung mit ihm. Eine Beziehung, die dynamisch und fröhlich ist und Spaß macht! Es ist nicht immer einfach, das stimmt. Aber auf jeden Fall lohnt es sich, das Risiko einzugehen. Und ganz sicher ist es besser als das Leben auf einem Liegestuhl am Pool.

Vermutlich hatte Johannes keine Ahnung davon, wie man ein Kind dazu bekommt, vertrauensvoll ins Wasser zu springen, aber wahrscheinlich hätte ihm mein Vergleich gefallen. Sein Evangelium hätte meines Erachtens auch den Untertitel tragen können: *Damit ihr glaubt.*

Wozu erzählt er denn das Wasser-zu-Wein-Wunder? Damit Sie glauben, dass Jesus das zurückbringen kann, was das Leben uns geraubt hat.

Warum berichtet er vom Glauben eines königlichen Beamten? Damit Sie glauben, dass Jesus Ihr Gebet hört, auch wenn Sie denken, dass das nicht der Fall ist.

Weshalb erzählt er von dem Lahmen, der sein Bett zusammenpackte, oder von dem Blinden, der sich den Brei von den Augen wusch? Damit Sie an einen Jesus glauben, der uns wirklich *sieht* und uns eine neue Sicht der Dinge schenkt.

Warum lief Jesus auf dem Wasser, speiste Tausende von Menschen und weckte Tote auf? Damit Sie glauben, dass Gott auch heute noch die Stürme in unserem Leben stillt, auch heute noch die Probleme unseres Lebens löst, auch heute noch die Toten auferweckt.

Sie brauchen Gnade? Bis heute hat sich nichts am Erlösungswerk geändert, das Jesus am Kreuz vollbracht hat.

Sie brauchen eine Bestätigung, dass all das wahr ist? Das Grab ist immer noch leer.

Sie brauchen eine zweite Chance? Das Kohlenfeuer am See Genezareth brennt immer noch.

Diese Ereignisse sollen Sie ermutigen und sie alle verbreiten eine Botschaft: dass der Gott, der Wunder vollbringt, sich für Sie interessiert, für Sie kämpft und Ihnen zu Hilfe kommen wird. Darauf können Sie sich verlassen.

Diese Wunder sind für Sie das, was die Basketballspieler und

Fans für Luke waren, dessen Traum im letzten Spiel der Saison Wirklichkeit wurde.

Luke kann mit dem Lerntempo der anderen Grundschüler nicht mithalten. Seine Entwicklung vollzieht sich langsamer als die seiner Altersgenossen. Aber er hat ein gewinnendes Lächeln und ein reines Herz – alle, die ihn kennen, mögen ihn unweigerlich.

Als der Pastor seiner Gemeinde ein Basketballteam ins Leben rief, meldete Luke sich dafür an. Während die anderen Jungen dribbelten und Korbleger übten, warf Luke den Ball von der Freiwurflinie aus auf den Korb. Er traf nur selten, aber wenn er traf, dann streckte er die Hände in die Luft und rief: „Guck mal, Coach! Guck mal!" Der Trainer sah ihn an und lächelte.

Das Team hatte keine besonders gute Saison. Es gewann nur ein Mal. Und das nur, weil das gegnerische Team wegen eines Schneesturms nicht kommen konnte. Im letzten Spiel des Jahres traten sie gegen das beste Team der Liga an. Bevor das Spiel begonnen hatte, war es im Grunde schon entschieden. Kurz vor Schluss lag Lukes Team fast 30 Punkte zurück. Zu diesem Zeitpunkt bat einer der Spieler um eine Auszeit.

„Trainer", sagte er, „das ist unser letztes Spiel und Luke hat noch keinen einzigen Korb geworfen. Ich denke, wir sollten ihn einwechseln."

Das Team stimmte zu. Der Trainer wies ihn an, sich in der Nähe der Freiwurflinie aufzustellen, wo er warten sollte.

Luke war begeistert. Er stand auf seinem Platz. Als ihm der Ball zugespielt wurde, warf er und verfehlte den Korb. Ein Spieler des gegnerischen Teams fing den Ball, dribbelte ihn in die andere Spielfeldhälfte und warf einen Korb. Luke wurde nun der Ball erneut zugespielt. Er warf ein weiteres Mal daneben. Im Gegenzug erzielte das gegnerische Team wieder einen Punkt.

Nach und nach verstanden auch die Spieler des anderen Teams, was los war, und sie begannen, Luke den Ball zuzuspielen. Er warf immer wieder daneben und die Spieler warfen ihm immer wieder den Ball zu. Bald feuerte das gesamte Publikum Luke an.

Der Trainer war sicher, dass die Spielzeit schon vorüber sein musste. Er schaute auf die offizielle Uhr. Sie war 4,3 Sekunden vor Spielende angehalten worden. Offensichtlich hatten sich ihnen auch die Kampfrichter angeschlossen. Sie standen an ihren Tischen und stimmten in die Menge ein: „Luke, Luke!"

Luke warf und warf. Er versuchte es wieder und wieder und wieder. Schließlich prallte der Ball auf wundersame Weise vom Korbrand ab. Alle hielten die Luft an. Der Ball ging ins Netz. Das Publikum explodierte regelrecht vor Begeisterung. Luke warf seine Arme in die Luft und rief: „Ich habe gewonnen! Ich habe gewonnen!" Sein Team begleitete ihn hinaus, die Zeit lief ab, und das Spiel war vorbei.[1]

Diese Geschichte erinnert mich sehr an das Evangelium. Sie versinnbildlicht Gottes tiefe, hingebungsvolle Liebe zu Ihnen und zu mir. Gott will, dass wir gewinnen. Nicht unbedingt beim Basketball, aber im Glauben, im Hoffen, im Leben. Er will, dass wir in Ewigkeit Gewinner sind. Er unterstützt uns so gut wie möglich, nutzt jedes Werkzeug und jedes Wunder, damit Sie und ich irgendwann triumphierend die Hände in die Luft strecken.

Die Wunder von Jesus sind Teil seines „Waffenarsenals". Sie waren und sind Teil der himmlischen Chöre, die Ihren und meinen Namen rufen und uns auffordern zu glauben.

Er lässt immer noch Wunder geschehen, damit wir seine Einladung vernehmen.

Eine junge Frau aus unserer Gemeinde hatte ihr ganzes junges Leben lang unter einer gekrümmten Wirbelsäule gelitten. Diese beeinträchtigte ihr Wachstum und ihren Schlaf. Dann, als sie 20 war, entdeckten die Ärzte einen schnell wachsenden Tumor im selben Bereich. Sie unterzog sich einer Operation, bat aber erst viele von uns um Gebetsunterstützung.

Als sie aus der Narkose erwachte, hörte sie den verwunderten Chirurgen sagen: „Das, was auf dem Röntgenbild zu sehen war, und das, was ich hier im OP gesehen habe, sind zwei völlig unterschiedliche Dinge. Ihre Wirbelsäule ist gesund. Und es gibt keinen Tumor. Ich habe keine Erklärung dafür.“ [2]

Ein Zufall? Oder ein Zeichen Gottes, das sie an seine Gegenwart erinnern sollte?

Mehr als 20 Jahre leitete Mark Bouman ein christliches Waisenhaus in Kambodscha. Seine Frau und er kümmerten sich um alles – sie bohrten Brunnen und pflegten auch die kranken Kinder. Die Waisen nannten Mark ihren Papa und er betrachtete sie als seine Kinder. Es brach ihm das Herz, als er und seine Familie 1975 wegen eines Aufstands aus dem Land fliehen mussten. Es war ihm möglich, sicher nach Thailand zu reisen, aber er konnte nicht aufhören, an die Kinder zu denken. Nach zwei Wochen erhielt er einen aufgeregten Anruf von einem Waisenhausmitarbeiter, der ihn anflehte, zurückzukommen und zu helfen.

Mark fuhr zum Flughafen von Bangkok. Dort herrschte Chaos. Unzählige Menschen versuchten, ein Ticket für einen Flug nach Kambodscha zu buchen. Doch der Mitarbeiter der Fluggesellschaft rief immer wieder über die Menge hinweg: „Wir haben keine Tickets mehr!“ Mark wusste nicht, was er tun sollte.

Dann fiel sein Blick auf den Schalter einer anderen Airline. Dort stand keine Schlange. Er ging hinüber und erkundigte sich bei der dortigen Mitarbeiterin, ob es noch einen Platz in einer Maschine nach Kambodscha gäbe. „Ja“, sagte sie, „es ist noch ein Platz frei. Darf ich Ihren Reisepass sehen?“

Zwei Stunden später landete Mark in Kambodscha.[3]

Eine Airline ohne Warteschlange? Noch *ein* Ticket verfügbar? Zufall? Oder Gottes Werk?

Gestern früh rief ich das Kundencenter eines Kreditkartenunternehmens an. Es gab ein Problem mit meiner Kreditkarte. Mein Anliegen war nicht dringend. Ich wollte den Anruf eigentlich schon vor zwei Monaten tätigen, hatte ihn aber immer wieder vor mir hergeschoben. Doch als ich dann schließlich anrief, kam mir der Verdacht, dass etwas oder jemand die Verzögerung verursacht hatte.

Als ich der Mitarbeiterin meinen Namen nannte, fragte sie: „Max Lucado? *Der* Max Lucado?“

Zwei Arten von Menschen reagieren auf diese Weise auf meinen Namen: meine Bewährungshelfer und meine Leser. Ich hoffte, dass sie zur zweiten Gruppe gehörte.

Das tat sie auch. Sie erzählte mir, dass meine Bücher ihr seit Jahren immer wieder Mut gemacht hätten, dass auf dem Nachttisch immer eines läge ... dann versagte ihr die Stimme. Sie begann zu schluchzen und brachte kein Wort mehr heraus. Bestimmt eine Minute lang sagte keiner von uns etwas. Leise weinte sie vor sich hin.

Dann sammelte sie sich wieder und entschuldigte sich dafür, dass sie sich so unprofessionell verhielt. Das sei doch nicht schlimm, entgegnete ich und erkundigte mich, was los sei.

Sie erklärte mir, dass sie gerade von einem Arztbesuch kam, bei dem sie erfahren hatte, dass sie unter Herzinsuffizienz litt. Die Nachricht hatte sie völlig aus der Fassung gebracht. Auf dem Weg zum Büro hatte sie ihren Mann angerufen, diesen aber nicht erreicht. Sie rief ihren Sohn an. Ebenfalls keine Antwort. Sie konnte nur mit Mühe die Tränen zurückdrängen, als sie das Büro betrat. Sie musste dringend mit jemandem sprechen und betete: „Herr, kann ich die Last mit jemandem teilen? Mit irgendwem?“

Sie ging zu ihrem Schreibtisch und setzte sich – und mein Anruf war der erste, der zu ihr durchgestellt wurde.

Wie groß ist die Wahrscheinlichkeit, dass so etwas passiert? Von allen Kundenberatern war sie diejenige, die meinen Anruf entgegennahm. Ich hätte an so vielen Tagen anrufen können, aber ich tat es genau an diesem Tag.

Ich könnte ihnen viele solcher Geschichten erzählen.

Womöglich finden Sie ja vernünftige Erklärungen dafür. Oder für Sie sind das auch nur zufällige Ereignisse. Aber vielleicht sind sie auch genau das: unübersehbare Anzeichen dafür, dass Gott sich unablässig um uns kümmert und uns zur Seite steht.

Johannes verfolgte mit seinem Evangelium die Hoffnung, dass seine Leser ihren Glauben auf Jesus setzen würden. Dass Menschen, die weit von Gott entfernt sind, anfangen würden zu glauben und dass Menschen, die Gott schon kennen, an dem Glauben festhalten würden, dass „Jesus der Christus ist, der Sohn Gottes" (Johannes 20,31).

Genau das ist sie: die Hoffnung von Johannes, die Hoffnung seines Buches, die Hoffnung Gottes und auch die Hoffnung *dieses* Buchs: dass wir glauben – nicht an unsere Kraft, nicht an die Fähigkeit der Menschheit, sich selbst zu helfen, nicht an Tarotkarten oder an das Schicksal, nicht an unser Aussehen oder an das Glück. Dass wir an Jesus glauben. Jesus, den Christus, den Messias, den Gesalbten. Jesus, den Sohn Gottes.

Die Botschaft dieser Wunder ist der Wunderwirker selbst. Er möchte, dass Sie wissen, dass Sie niemals allein sind. Dass er immer an Ihrer Seite ist. Sie sind nie ohne Hilfe, Hoffnung oder Kraft. Sie sind stärker, als Sie denken, denn Gott ist näher, als Sie sich vorstellen können.

Er möchte, dass Sie wissen:

- ***„Ich weiß alles über dich"***
  (nach Psalm 139,1).
- ***„Ich weiß, ob du sitzt und stehst"***
  (nach Psalm 139,2).
- ***„Selbst die Haare auf deinem Kopf sind gezählt"***
  (nach Matthäus 10,29–31).
- ***„Ich habe dich in meine Familie aufgenommen"***
  (nach Römer 8,15).
- ***„Ich kannte dich schon, bevor ich dich im Leib deiner Mutter geformt habe"***
  (nach Jeremia 1,4–5).
- ***„Ich habe dich erwählt und gute Absichten für dich"***
  (nach Epheser 1,11–12).
- ***„Du wirst nicht einen Tag länger oder kürzer leben, als ich es geplant habe"***
  (nach Psalm 139,16).
- ***„Ich liebe dich und betrachte dich als mein Kind"***
  (nach 1. Johannes 3,1).
- ***„Ich werde mich um dich kümmern"***
  (nach Matthäus 6,31–33).
- ***„Du brauchst keine Angst zu haben, dass ich mich jemals von dir abwende. Meine Liebe gehört in alle Ewigkeit dir"***
  (nach Jeremia 31,3).
- ***„Ich kann nicht aufhören, über dich nachzudenken"***
  (nach Psalm 139,17–18).
- ***„Du bist mein persönliches Eigentum"***
  (nach 2. Mose 19,5).
- ***„Ich will dir gewaltige, unglaubliche Dinge zeigen"***
  (nach Jeremia 33,3).
- ***„Nichts wird dich jemals von meiner Liebe trennen"***
  (nach Römer 8,38–39).

Ich habe dieses Kapitel mit einer Vater-Geschichte begonnen. Darf ich es mit einer weiteren Vater-Geschichte beenden?

Als meine Töchter klein waren, brachte ich immer für beide ein Geschenk mit, wenn ich von einer Reise nach Hause zurückkehrte. Wenn ich zur Tür hereinkam, rief ich: „Daddy ist zu Hause." Sie liefen zu mir und umarmten mich. Es machte mir nichts aus, wenn sie mich fragten: „Was hast du uns mitgebracht?" Ich war nicht beleidigt, wenn sie sich das neue Spielzeug schnappten und zum Spielen gingen. Zum einen brauchte ich sowieso ein bisschen Ruhe. Zum anderen wusste ich, dass sie wiederkommen würden. Irgendwann vor dem Schlafengehen kletterten sie frisch gebadet in ihren Schlafanzügen auf meinen Schoß. Ich las ihnen ein Buch vor oder erzählte ihnen eine Geschichte und bald schliefen sie ein.

Ich wusste, dass es nicht meine Geschenke waren, die ihnen Freude und Geborgenheit vermittelten, es war meine Gegenwart.

Möge Gott Ihr Leben mit mehr Wundern segnen, als Sie zählen können. Möge Ihr Wasser zu erlesenem Wein werden. Mögen sich Ihre finsteren Stürme in sonnige Frühlingsbrisen verwandeln. Mögen Sie mit Ihrem Picknickkorb des Glaubens Tausende und Abertausende versorgen. Mögen Sie laufen wie der geheilte Gelähmte, mögen Sie sehen wie der ehemals Blinde, mögen Sie leben wie der einst tote Lazarus. Mögen Sie Ihr Leben in der Gnade des Kreuzes führen, in der Hoffnung des leeren Grabes und in der Gewissheit, dass Gott Sie wiederherstellt und Ihnen einen Neuanfang schenkt. Aber vor allem wünsche ich Ihnen, dass Sie glauben – daran glauben, dass Gott immer an Ihrer Seite ist und Ihnen helfen will. Mögen Sie in seiner Gegenwart zur Ruhe kommen.

Weiterführende Fragen

(Andrea Lucado)

Kapitel 1

Wir können nicht, aber Gott kann

1. **Wie denken Sie über Wunder?**
   - Glauben Sie an die Wundergeschichten in der Bibel? Warum oder warum nicht?
   - Glauben Sie, dass auch heute noch Wunder geschehen?
   - Haben Sie schon einmal ein Wunder miterlebt oder selbst erfahren? Wenn ja, erzählen Sie davon.

2. **Welches von den Wundern, die in der Bibel geschildert werden, ist Ihr Lieblingswunder?**
   - Was fasziniert Sie an diesem Wunder besonders?
   - Was sagt dieses Wunder über die Haltung von Jesus zu den Menschen aus?

3. **Was ist nach Auffassung von Lucado das Einzigartige am Johannesevangelium?**
   Wenn Sie damals einer der Jünger bzw. Jüngerinnen

gewesen wären und selbst ein Evangelium über sein Leben verfasst hätten, worauf hätten Sie Ihren Fokus gelegt? Warum?

4. **In Johannes 20,30–31 steht: „Die Jünger sahen, wie Jesus noch viele andere Wunder tat, die nicht in diesem Buch aufgezeichnet sind. Diese aber wurden aufgeschrieben, damit ihr glaubt, dass Jesus der Christus ist, der Sohn Gottes, und damit ihr durch den Glauben an ihn in seinem Namen das ewige Leben habt."**
   - Nehmen Sie sich etwas Zeit, und malen Sie sich einige Wunder aus, die nicht explizit in der Bibel beschrieben wurden. Stellen Sie sich vor, wie Menschen Heilung, Vergebung und Rettung empfingen. Wer sind Sie in diesem Szenario?
   - Was sieht nach Lucados Ansicht nach „Leben in seinem Namen" aus? (S. 10–11)

5. **Was versprechen uns die Wunder Jesu sonst noch (S. 12–13)? Welchen Einfluss hat das auf Ihren Glauben?**

6. **Die Frau, die Lucado zu Beginn dieses Kapitels beschreibt, sagt: „Ich bin ganz allein und völlig am Ende."**
   - Haben Sie sich auch schon einmal so gefühlt?
   - Gibt es jetzt einen Bereich in Ihrem Leben, in dem Sie sich alleingelassen fühlen? Schildern Sie die Situation oder die Ereignisse, die dazu geführt haben. Welche Auswirkungen hat diese Einsamkeit auf Sie?
   - Wie hat das Gefühl von Einsamkeit sich auf Ihren Glauben ausgewirkt?
   - Mit welchen Worten würden Sie diese einsame Phase beschreiben?

7. **Lucado zitiert eine Studie des *Parkland Hospital* in Dallas. Was hat diese Studie gezeigt?**
   - Was empfinden Sie, wenn Sie von diesen Ergebnissen lesen? Waren Sie überrascht? Warum oder warum nicht?
   - Konnten Sie auch in Ihrer Familie oder in größerem Umfang in Ihrer Stadt oder Ihrer Nachbarschaft feststellen, dass Menschen einsam sind? Nennen Sie einige Beispiele.
   - Die Studie des Krankenhauses hat gezeigt, dass es den Patientinnen und Patienten letztendlich um die Gewissheit ging, dass sich jemand für sie interessierte (S. 14). Inwiefern können Sie dieses Gefühl nachvollziehen?

8. **Lucado fragt: „Glauben Sie an einen Jesus, der nicht nur mächtig ist, sondern die Schwachen und Verletzten dieser Welt auch leidenschaftlich liebt? Glauben Sie, dass Sie ihm so wichtig sind, dass er in den einsamen Wartezimmern, in den Rehakliniken und Pflegeanstalten des Lebens an Ihrer Seite ist?“ (S. 15)**
   - Wie würden Sie diese Fragen beantworten?
   - Welche persönlichen Erfahrungen haben dazu geführt, dass Sie an einen Jesus glauben, der mächtig und liebevoll ist?

9. **Füllen Sie die Lücken aus: „Wir werden uns bemühen, die Zeichen so zu betrachten, wie es wahrscheinlich Johannes' Absicht entsprach. Nicht als Einträge in einem __________, sondern als Szenen aus Gottes __________“ (S. 12).**
   - Erläutern Sie diese Aussage.
   - Was hoffen Sie über Wunder zu lernen?
   - Was hoffen Sie über sich selbst zu lernen?

10. **Das Matthäusevangelium endet mit den folgenden Worten Jesu: „Und ich versichere euch: Ich bin immer bei euch bis ans Ende der Zeit" (Matthäus 28,10).**
    - Stellen Sie sich vor, Sie wären Johannes und würden hören, wie Jesus diese Worte zu Ihnen sagt. Wie würden Sie sich dabei fühlen?
    - Was bedeutet diese Zusage heute für Sie?

11. **Lesen Sie noch einmal Johannes 20,30–31.**
    - Welcher Satz in diesen Versen spricht Sie am meisten an? Warum?
    - Was möchte uns Johannes Ihrer Ansicht nach verdeutlichen, als er verspricht, dass der Glaube an Jesus dazu führt, dass wir „in seinem Namen das ewige Leben" haben? Was bedeutet „in seinem Namen das ewige Leben haben" für Sie?

Kapitel 2

Gott wird zurückgeben, was das Leben genommen hat

1. **Lesen Sie die Geschichte des ersten Wunders, das Jesus vollbracht hat (Johannes 2,1–12).**

2. **Was war Ihrer Meinung nach der Zweck dieses Wunders?**

3. **Stellen Sie sich das Szenario vor.**
   - Was fehlte den Gästen in dieser Geschichte?
   - Wie reagierte Jesus zunächst, als Maria ihm mitteilte, dass der Wein zur Neige ging (Vers 4)?
   - Warum reagierte er so?
   - Warum hielt Maria Ihrer Ansicht nach den Mangel an Wein für ein so dringliches Problem, dass sie Jesus um Hilfe bat?

4. **Anfänglich zögerte Jesus, dieses Wunder zu tun, und sagte: „Was hat das mit mir und dir zu tun? Meine Zeit ist noch nicht gekommen" (Johannes 2,4). Was meinte Jesus damit, dass seine Zeit noch nicht gekommen sei? Marias Reaktion bestand darin, sich an die Diener zu wenden und sie anzuweisen: „Tut, was immer er euch befiehlt" (Vers 5).**

- Warum schaltete Maria sich ein?
- Was wusste Maria Ihrer Ansicht nach über Jesus?

  In Bezug auf diesen Abschnitt schreibt Lucado: „‚Was auch immer' bedeutet ‚was auch immer'. Was auch immer er sagt, was auch immer er befiehlt. Auch wenn sein ‚was auch immer' gar nichts Besonderes ist, tut es!" (S. 25) Haben Sie jemals gezögert, mit einem Anliegen zu Jesus zu kommen, weil Sie sich Gedanken darüber gemacht haben, was dieses „was auch immer" in Ihrem Fall bedeuten könnte? Wenn ja, beschreiben Sie, welches Anliegen das war oder ist.

5. **Füllen Sie die Lücke aus: „Sorgt euch um nichts, sondern betet ____________________. Sagt Gott, was ihr braucht, und dankt ihm" (Philipper 4,6). Mit welchem/welchen Anliegen sollten wir diesem Vers zufolge *nicht* zu Gott kommen?**

6. **Was brauchen Sie gerade jetzt? Zeit? Gesundheit? Geld? Wie wirkt sich dieser Mangel auf Ihr tägliches Leben, Ihre Beziehungen zu anderen und Ihren Glauben aus? Haben Sie mit Jesus über diese Anliegen gesprochen? Warum oder warum nicht?**
   - Wenn Sie sich mit diesem Anliegen an Jesus gewandt haben, welche Antwort haben Sie erhalten?
   - Wenn Sie es nicht getan haben, überlegen Sie, was Sie möglicherweise daran gehindert hat? Was hält Sie zurück?

7. **Jesus half an jenem Abend schließlich dem Brautpaar bzw. deren Eltern. Was ist Lucados Erklärung dafür, dass Jesus sich dafür entschied, seine Wunderkräfte einzusetzen, um Wasser in Wein zu verwandeln (S. 25)?**

8. **Wie war die Qualität des Weines, den Jesus machte (Johannes 2,9–10)?**
   - Jesus hätte weniger Wein machen können. Er hätte einen weniger guten Wein machen können. Wie der Zeremonienmeister sagte: „Eigentlich schenkt ein Gastgeber den besseren Wein zuerst aus. Später, wenn alle betrunken sind und es ihnen nichts mehr ausmacht, holt er den weniger guten. Du dagegen hast den besten Wein bis jetzt zurückbehalten!" (Johannes 2,10). Wahrscheinlich haben viele nicht gemerkt, wie gut der Wein an jenem Abend war. Warum hat Jesus das Wunder dann dennoch in dieser Weise vollbracht?
   - Was sagt Ihnen diese Geschichte darüber, wie Jesus auf Ihre Anliegen antworten wird?

9. **Paulus schrieb in seinem Brief an die Epheser: „Durch die mächtige Kraft, die in uns wirkt, kann Gott unendlich viel mehr tun, als wir je bitten oder auch nur hoffen würden. Ihm gehört alle Ehre in der Gemeinde und durch Christus Jesus für alle Zeit und Ewigkeit. Amen" (Epheser 3,20–21).**
   - Haben Sie jemals mehr gegeben als das, worum Sie jemand gebeten hat? Vielleicht haben Sie Ihrem Enkelkind nicht nur einen Keks gegeben, sondern gleich zwei? Oder Sie haben Ihrem Sohn das Geld fürs Benzin *und* den Kinobesuch gegeben. Oder Sie haben einer Freundin beim Umzug geholfen und sind dann noch länger geblieben, um ihr beim Auspacken zu helfen und dabei, die Gardinen aufzuhängen?
   - Warum haben Sie mehr gegeben, als erforderlich war? Was hat Sie dazu veranlasst, mehr zu tun, als nur die ursprüngliche Bitte zu erfüllen? Wie haben Sie sich gefühlt, nachdem Sie sich so verhalten hatten?

- Wenn Sie mit Ihren menschlichen Ressourcen die Möglichkeit haben, Ihren Mitmenschen so viel Gutes zu tun – welche Möglichkeiten hat dann Ihrer Ansicht nach der Gott des Universums, wenn Sie mit Ihren Nöten zu ihm kommen? Was kann er Ihnen geben?

Kapitel 3

Der lange Weg vom Gebet bis zu seiner Erhörung

1. **Warten Sie gerade darauf, dass Gott ein bestimmtes Gebet beantwortet? Worum geht es dabei? Können Sie sich vorstellen, dass Gott Gründe dafür haben könnte, Sie warten zu lassen?**

2. **Stellen Sie sich vor, Sie befänden sich auf einer Straße. Der Startpunkt ist Ihr konkretes Gebetsanliegen, der Zielpunkt die Erhörung dieses Gebetes. An welcher Stelle der Straße befinden Sie sich heute? Wie ist diese Reise bisher für Sie gewesen?**

3. **Lesen Sie Johannes 4,46–47.**
   - Wie weit war die Entfernung von Kapernaum und Kana (S. 30)?
   - Warum ist der Beamte Ihrer Ansicht nach so weit gereist, um Jesus zu sehen?
   - Haben Sie Gott jemals wegen einer Sache angefleht? Worum handelte es sich? Warum waren Sie so verzweifelt, dass Sie sogar gefleht haben?

- Falls Gott Ihr Gebet nicht so beantwortet hat, wie Sie es sich gewünscht haben: Hat sich das auf Ihren Glauben ausgewirkt? Warum oder warum nicht?

4. **Wie reagierte Jesus auf die Bitte des Beamten (Johannes 4,48)?**
   - Welche möglichen Gründe nennt Lucado für diese Reaktion (S. 31)?
   - Wie reagierte der Beamte auf diese Antwort von Jesus (Johannes 4,49)?
     Hätten Sie auch so reagiert? Warum oder warum nicht?

5. **In Johannes 4,50 heißt es: „Da sagte Jesus zu ihm: ‚Geh zurück nach Hause! Dein Sohn lebt.' Der Mann glaubte dem Wort, das Jesus zu ihm gesagt hatte, und machte sich auf den Heimweg."**
   - Welche Gefühle oder Gedanken hätten Sie während dieser 25 Kilometer langen Reise von Kana in Ihre Heimatstadt beschäftigt?
   - Welche Gefühle oder Gedanken beschäftigen Sie auf Ihrer gegenwärtigen Reise (seit Sie sich mit Ihrem Anliegen an Gott gewandt haben)?
   - Worin besteht der Unterschied zwischen Ihrer Reise und der des Beamten?

6. **Wie würden Sie aufgrund Ihrer eigenen Erfahrung folgende Frage beantworten: „Wie gehen wir vertrauensvoll weiter, wenn wir noch nicht sehen können, worauf das alles hinauslaufen wird?" (S. 35)**

7. **In Psalm 46,2 steht: „Gott ist unsere sichere Zuflucht, ein bewährter Helfer in aller Not“ (GN).**
   - In welcher Art von Notlagen ist Gott für uns da? Können wir uns auf sein Eingreifen verlassen?
   - Beschreiben Sie eine Situation/eine Zeit in Ihrem Leben, in der Ihnen deutlich bewusst war, dass er bei Ihnen ist. Wie genau haben Sie dies gemerkt? Wie hat sich diese Erfahrung auf Ihre Kraft, Ihre Zuversicht oder Ihre Lebensfreude ausgewirkt?
   - Wenn Sie die Erfahrung, dass Gott immer bei Ihnen ist, noch nicht gemacht haben: War ein Freund oder eine Angehörige in einer schweren Zeit an Ihrer Seite? Hat es Ihnen Kraft gegeben, dass diese Person in all diesen Schwierigkeiten bei Ihnen war?

8. **Lesen Sie den Rest der Geschichte des Beamten (Johannes 4,51–53).**
   - Was hat dieses Wunder außer der Heilung des Sohnes noch bewirkt?
   - Haben Sie schon einmal darüber nachgedacht, dass Ihre Reise vom Gebet bis zu seiner Erhörung einen tieferen Sinn haben könnte? Wenn ja, welchen?
   - Oder hat Gott Ihnen schon einmal gezeigt, dass er einen anderen Plan hat, während Sie auf die Erhörung eines Gebets gewartet haben? Wenn ja, wie haben Sie im ersten Moment darauf reagiert? Können Sie im Nachhinein erkennen, welche Absicht er damit verfolgte?

9. **Jesus sagte zu dem Beamten: „Geh zurück nach Hause! Dein Sohn lebt“ (Johannes 4,50). Was hat der Beamte dann getan? Wie könnten Sie in ähnlicher Weise reagieren? Wenn**

Sie nicht wissen, was während dieser Reise noch auf Sie zukommt, und keine Ahnung haben, ob Gott Ihr Gebet so beantworten wird, wie Sie es sich wünschen: Wie können Sie dem vertrauen, was Jesus in der Bibel gesagt hat, und Ihren Weg nach Hause fortsetzen?

Kapitel 4

„Steh auf, nimm deine Matte und geh“

1. **Zu Beginn dieses Kapitels schreibt Lucado, dass wir alle schon einmal stecken geblieben sind: „Sie waren vielleicht zutiefst verbittert, bis über beide Ohren verschuldet, gefangen in einem Job ohne Aufstiegsmöglichkeiten, knietief im Sumpf eines unlösbaren Problems. Regelrecht gefangen“ (S. 40).**
   - Gibt es zurzeit einen Bereich in Ihrem Leben, in dem Sie das Gefühl haben festzustecken?
   - Wenn ja, in welcher Hinsicht stecken Sie fest und wie lange geht es Ihnen schon so?
   - Warum stecken Sie in diesem bestimmten Bereich Ihres Lebens fest?

2. **In Matthäus 9,35–36 steht: „... überall, wo er hinkam, heilte er Menschen von ihren Krankheiten und Leiden. Als er die vielen Menschen sah, hatte er tiefes Mitleid mit ihnen, denn sie hatten große Sorgen und wussten nicht, wen sie um Hilfe bitten konnten.“**
   - Haben Sie sich auch schon einmal so gefühlt wie diese Menschen: dass Sie große Sorgen hatten und nicht wussten,

wen Sie um Hilfe bitten konnten? Wenn ja, beschreiben Sie, wie das für Sie war. Hatten Sie in dieser Situation das Gefühl festzustecken?
- Gibt es aktuell einen Bereich in Ihrem Leben, in dem Sie feststecken? Worum geht es konkret?
- Wenn Sie darüber nachdenken, wo Sie heute oder vielleicht auch früher schon einmal festsaßen: Wen könnten Sie um Hilfe bitten?

3. **Lesen Sie Johannes 5,1–6.**
   - Wie lange befand sich der Gelähmte schon in diesem Zustand?
   - Wie würden Sie empfinden, wenn Sie schon seit 38 Jahren lang an dieser Erkrankung oder unter diesem Problem leiden würden?
   - Unter welcher Erkrankung oder Problem haben Sie bislang am längsten gelitten? Wie ist es dazu gekommen?
   - Wie hat sich die Erfahrung von Leid auf Ihr Leben, Ihre Gefühle und Ihren Glauben ausgewirkt?
   - Welche Frage stellte Jesus dem Gelähmten, bevor er ihn heilte (Vers 6)?
   - Wie hat der Gelähmte reagiert?
   - Wenn Jesus Ihnen heute in Bezug auf eine Situation, in der Sie sich gefangen fühlen, dieselbe Frage stellen würde: Was würden Sie ihm antworten?

4. **Lucado formuliert die Frage von Jesus ein wenig um: „Sind Sie bereit, frei zu werden?“ (S. 44).**
   - Welche Gründe könnte es dafür geben, dass ein Mensch von seinem Problem, seiner Erkrankung nicht befreit werden möchte?

- Haben Sie jemals an einem Problem „festgehalten", obwohl Sie wussten, dass es einen Ausweg gegeben hätte? Warum haben Sie das getan?

5. **Was sagte Jesus abschließend zu dem Gelähmten (Johannes 5,8)?**

6. **Lucado unterteilt Vers 8 in drei Anweisungen, die man befolgen soll, wenn man das Gefühl hat festzustecken. Was bedeuten diese Anweisungen Lucados Ansicht nach?**
   Stehen Sie auf: ______________________________
   ____
   Nehmen Sie Ihre Matte: ______________________________
   ____
   Gehen Sie los: ______________________________
   ____
   - Wenn Sie über einen Bereich Ihres Lebens nachdenken, in dem Sie sich heute gefangen fühlen, wie könnten Sie dort ...
     ... aufstehen?
     ... Ihre Matte nehmen?
     ... losgehen?
   - Welcher dieser drei Schritte fällt Ihnen am schwersten und warum?

7. **Lucado erzählt die Geschichte von Barbara Snyder, einer talentierten Turnerin, die chronisch krank war und auf wunderbare Weise geheilt wurde. Lucado schreibt: „Jesus ... bewirkte das Wunder. Er griff ein." Aber was musste Barbara tun (S. 47)?**

8. **Füllen Sie die Lücke aus: „Glauben Sie an den Jesus, der an ________ glaubt." Oft wird unser Gefangensein gewissermaßen zu unserer Identität. Wir haben Angst, nach vorn zu blicken, denn wer sind wir schon ohne unser Problem, unseren Schmerz oder unsere Krankheit? Aber es ist so, wie Lucado sagt: „Jesus glaubt, dass Sie aufstehen, Ihre Sachen packen und losgehen können. Sie sind stärker, als Sie glauben." Glauben Sie das von sich selbst auch? Warum oder warum nicht?**

9. **Machen Sie es wie der Witwer, von dem Lucado am Ende dieses Kapitels berichtet. Schreiben Sie einige der Dinge, die Sie nicht können, auf ein Blatt Papier. Denken Sie dann über Ihre Liste nach.**
   - Wie lange sind einige dieser Punkte schon fester Bestandteil Ihres Lebens?
   - Bei wie vielen von ihnen haben Sie es in der Hand, sie zu ändern?
   - Bei wie vielen von ihnen haben Sie Angst, daran etwas zu ändern?
   - Nun vergraben Sie Ihre Liste oder verbrennen Sie sie oder werfen Sie sie in den Mülleimer. Tun Sie etwas, das symbolisch zum Ausdruck bringt, dass Sie sich von diesen Dingen, die Sie *nicht* können, nicht länger zurückhalten lassen. Aber vor allem: Geben Sie sie an Gott ab.

Kapitel 5

Wir können das schaffen!

1. **Welches kleine oder alltägliche Problem frustriert oder entmutigt Sie häufig? Der Verkehr? Berge von schmutziger Wäsche? Ein überquellendes Posteingangsfach?**
   - Wie reagieren Sie typischerweise, wenn Sie mit diesem frustrierenden Problem konfrontiert sind?
   - Was genau entmutigt Sie an diesem Szenario so sehr?
   - Welche Strategien haben Sie in der Vergangenheit benutzt, um diese Situation zu bewältigen?
   - Denken Sie doch jetzt einmal über ein ernstes Problem in Ihrem Leben nach, von dem Sie sich gegenwärtig erdrückt fühlen.

2. **In diesem Kapitel geht es um das Wunder, dass Jesus etwa 5000 Menschen zu essen gab. Lucado weist darauf hin, dass sich diese Mengenangabe in der Bibel nur auf die Männer bezieht. Frauen und Kinder wurden dabei nicht mitgezählt, was bedeuten könnte, dass insgesamt vielleicht 15 000 Menschen anwesend waren.**
   - Wie groß war die größte Menschenmenge, die Sie jemals mit Essen versorgt haben? Oder welche war die größte

Veranstaltung, die Sie jemals besucht haben, bei der Menschen etwas zu essen bekamen?

- Schreiben Sie all die Schritte auf, die Ihrer Ansicht nach erforderlich wären, um für eine große Menschenmenge einzukaufen und sie mit Essen zu versorgen.
- Nun stellen Sie sich vor, Sie müssten für 15 000 Menschen Essen zur Verfügung stellen. Wie viel Arbeit, Planung und Geld würde dies erfordern?

3. **Jesus erkundigte sich bei einem Jünger: „Philippus, wo können wir so viel Brot kaufen, dass all diese Menschen zu essen bekommen?" (Johannes 6,5).**
   Philippus entgegnete: „Es würde ein kleines Vermögen kosten, sie mit Nahrung zu versorgen!" (Vers 7).
   Und Andreas sagte: „Hier ist ein kleiner Junge mit fünf Gerstenbroten und zwei Fischen. Doch was nützt uns das bei so vielen Menschen?" (Vers 9).
   - Warum hat Philippus Ihrer Ansicht nach so reagiert?
   - Warum hat Andreas Ihrer Ansicht nach so reagiert?
   - Wenn Jesus wusste, was geschehen würde: Warum hat er dann Ihrer Ansicht nach diese Frage gestellt?
   - Was verraten uns die Reaktionen der Jünger darüber, wie sie Jesu Macht beurteilten?

4. **Andreas und Philippus sahen sich bei dem Versuch, eine große Menschenmenge mit Nahrung zu versorgen, mit unterschiedlichen Hindernissen konfrontiert.**
   - Welches Hindernis sprach Andreas an?
   - Welches Hindernis sprach Philippus an?
   - Mit welchen Hindernissen sind Sie in Ihrer erdrückenden Situation konfrontiert?

- Was muss aus dem Weg geräumt werden, damit Sie diese Hindernisse überwinden können?
- Glauben Sie, dass Sie aus eigener Kraft irgendwie mit diesen Hindernissen fertigwerden können? Warum oder warum nicht?

5. **Lucado sagt im Hinblick auf die zweifelnden Jünger: „Sie zählten die hungrigen Menschen, das Geld in ihren Taschen und die Menge an Brot und Fisch. Wen sie aber nicht in ihre Kalkulation einbezogen, war ______________" (S. 54). Füllen Sie die Lücke aus.**
   - Obwohl die Jünger Jesus kannten, an ihn glaubten und erlebt hatten, dass er Wunder vollbrachte, wandten sie sich in dieser Situation nicht an ihn. Was war Ihrer Ansicht nach der Grund dafür?
   - Denken Sie an eine Situation zurück, in der Sie mit einem riesigen Problem zu Jesus gekommen sind und ihn um Hilfe gebeten haben. Beschreiben Sie das Problem und die Lösung.

6. **Lesen Sie Johannes 6,11–13.**
   - Was tat Jesus, als er die Notlage der Menschenmenge sah?
   - Wie viel konnte jeder essen?
   - Was verrät Ihnen die Tatsache, dass es Reste gab, über Jesus und dieses Wunder?

7. **Lucado schreibt, dass dieses Wunder etwas deutlich macht: „Was wir nicht tun können, tut Jesus! Die Probleme, mit denen wir konfrontiert sind, eröffnen Jesus die Möglichkeit, genau das unter Beweis zu stellen" (S. 56).**
   - Wie denken Sie über diese Aussage?

- Haben Sie schon einmal erlebt, dass Jesus ein Problem auf eine Weise gelöst hat, wie Sie es selbst nicht hätten tun können? Wenn ja, wie hat er das getan?
- Glauben Sie, dass er heute Ihr Problem lösen kann? Warum oder warum nicht?

8. **Wenn Sie daran glauben wollen, dass Jesus Ihr Problem lösen kann, erfordert das in gewisser Hinsicht Kreativität – wie immer, wenn es um Problemlösungen geht. Es erfordert, dass Sie die Dinge nicht einfach so sehen, wie sie sind, sondern auch so, wie sie sein könnten. Ich möchte Sie einladen, eine Kreativitätsübung zu machen: Versuchen Sie, sich mögliche Lösungen für das schwierige Problem oder die bedrückende Situation auszumalen, die Ihnen heute zu schaffen machen. Schreiben Sie auf, welche guten, nützlichen, positiven Dinge aus Ihrem Problem entstehen könnten. Es ist ganz egal, wie verrückt Ihnen das Ganze erscheinen mag – körperliche Heilung, eine wiederhergestellte Beziehung, ein neuer Job, der Ihnen Freude macht. Schreiben Sie es einfach auf, und öffnen Sie Ihr Herz und Ihre Gedanken für das, was durch Jesus möglich ist.**

Kapitel 6

„ICH BIN mit dir im Sturm“

1. **Lucado beginnt dieses Kapitel mit dem erschütternden Bericht darüber, wie er als Kind missbraucht wurde. Was schenkte ihm Frieden, als er an jenem Abend in der Küche das Abendmahl feierte?**
   - Haben Sie in einer schlimmen Situation schon einmal Gottes Gegenwart gespürt?
   - Wenn ja, woher wussten Sie, dass es Gott war, und was haben Sie dabei empfunden?
   - Wenn Sie in einer schlimmen Situation nicht bewusst nach Gottes Gegenwart Ausschau gehalten haben, wo haben Sie stattdessen Hilfe gesucht? Was hat Sie davon abgehalten, Gott um Hilfe zu bitten?

2. **Füllen Sie die Lücke aus: „Jesus kommt … der Sturmflut zu uns“ (S. 62). Das Wunder, von dem Sie in diesem Kapitel lesen, ist der buchstäbliche Beweis dafür. Lesen Sie Johannes 6,14–17.**
   - Was taten die Jünger laut dieses Textabschnitts?
   - Wo war Jesus?

3. **Nun lesen Sie Johannes 6,18–19. Wie weit waren die Jünger gerudert, als sie Jesus kommen sahen?**
   In Matthäus 14,24 steht, dass die Jünger „weit vom Ufer entfernt" waren. Sie hatten keine Möglichkeit, umzukehren und sicher ans Ufer zu gelangen. Sie mussten im Sturm ausharren oder hoffen, das andere Ufer zu erreichen.
   - Welche „Stürme" haben Sie schon erlebt?
   - Wie haben Sie sich in diesen Stürme gefühlt?
   - Wie wurden diese Stürme letztendlich gestillt?
   - Vielleicht befinden Sie sich gerade jetzt in einem Sturm. Was hat ihn verursacht? Sind Sie gerade wie die Jünger mitten auf einem See und fühlen sich hilflos angesichts der turmhohen Wellen, die Sie umgeben? Oder hat dieser Sturm gerade erst begonnen? Oder beginnt das aufgewühlte Wasser sich schon wieder zu beruhigen?

4. **Lucado weist auf drei verschiedene Schwierigkeiten hin, mit denen wir in einem Sturm konfrontiert sein können:**
   1. wir sind zu weit vom Ufer (von einer Lösung) entfernt,
   2. wir kämpfen schon zu lange,
   3. wir sind ohnmächtig und die Wellen (das Problem) zu groß.

   Mit welcher dieser drei Schwierigkeiten hatten Sie in Ihrem „Sturm" schon (oder haben Sie im Moment) zu kämpfen?

5. **In Johannes 6,19 steht: „[Die Jünger] waren etwa fünf Kilometer weit gekommen, als sie plötzlich Jesus übers Wasser auf ihr Boot zukommen sahen. Sie erschraken fürchterlich." Stellen Sie sich vor, Sie selbst wären in dieser Situation. Stellen Sie sich vor, Sie wären ein Jünger, der versucht, das Boot an das rettende Ufer zu rudern. Wie**

würden Sie sich in einem kleinen Boot fühlen, mitten in einem großen See, mitten in einem Sturm?
Nun stellen Sie sich vor, Sie würden Ihren geliebten Meister sehen. Aber nicht etwa im Boot oder Ufer – er läuft auf dem Wasser.

- Welche Emotionen würde dieser Anblick bei Ihnen auslösen?
- Welche Gedanken würden Ihnen durch den Kopf gehen und warum?

6. **Jesus bemerkte die Bestürzung seiner Jünger und rief ihnen beruhigend zu: „Ich bin es! Habt keine Angst."**
   - Wie lautet Lucado zufolge die wörtliche Übersetzung von „Ich bin es" (S. 64)?
   - Warum ist das wichtig?
   - Was sagte Jesus, nachdem er sie darüber informiert hatte, wer er war?
   - Wie haben die Jünger sich Ihrer Ansicht nach gefühlt, als Jesus ihnen sagte, dass sie keine Angst haben sollten?

7. **Was brauchen wir Lucados Ansicht nach am dringendsten, wenn wir in einen Sturm geraten (S. 65)? Stimmen Sie dem zu? Warum oder warum nicht?**

8. **Lesen Sie Johannes 6,21. Was geschah, als die Jünger Jesus in ihr Boot ließen?**

9. **Auf S. 66 beschäftigt sich Lucado mit einer interessanten Vorstellung. Malen Sie sich doch einmal aus, Sie würden Jesus in Ihren Sturm einladen. Was würde Jesus bemerken? Was würde er Ihrer Ansicht nach sagen oder tun?**

- Haben Sie Jesus in der Vergangenheit schon einmal gebeten, in Ihrem Sturm zu Ihnen zu kommen?
- Wenn ja, hat seine Gegenwart sich positiv auf Ihre chaotischen Umstände, Ihre Verzweiflung oder Ihren Schmerz ausgewirkt?
- Haben Sie bisher gezögert, Jesus in Ihre schwierigen Momente oder Lebensphasen einzuladen?
- Was müssten Sie in Bezug auf Jesus, seinen Charakter oder Macht glauben, um ihn zu bitten, in Ihrem Sturm zu Ihnen zu kommen?

10. **Lucado erzählt die Geschichte von Katherine Wolf, eines ehemaligen Models, die infolge eines Schlaganfalls schwere körperliche Beeinträchtigungen davongetragen hatte. Obwohl sie weiterhin um ihre Gesundheit ringt, ist sie Gott in ihrem Sturm begegnet, und ihr Herz und ihr Geist sind stärker als je zuvor. Was würde geschehen, wenn die äußeren Umstände Ihres Sturmes zwar gleichblieben, Sie jedoch Jesus in Ihre Situation einladen würden? Würde sich dadurch irgendetwas für Sie ändern? Wenn ja, was?**

11. **Lesen Sie Jesaja 43,1–3.5. Welche der Verheißungen aus diesem Bibeltext brauchen Sie heute am meisten und warum?**

Kapitel 7

Er macht die Blinden sehend

1. **Wenn Sie die Art und Weise, wie Johannes das Wunder beschreibt, um das es in diesem Kapitel geht, mit der Art und Weise vergleichen, wie er bislang von den Wundern berichtet hat, worin besteht der grundlegende Unterschied? Warum hat Johannes das Ihrer Ansicht nach getan?**

2. **Füllen Sie die Lücken aus: „Was Jesus in körperlicher Hinsicht für den blinden Bettler tat, möchte er in ____________ für alle Menschen tun: Er will ____________ wiederherstellen" (S. 70).**
   - Haben Sie schon Erfahrungen mit dieser Art von „geistlichem Sehvermögen" gemacht? Vielleicht, als Sie zum Glauben an Jesus kamen oder eine besondere „geistliche Erkenntnis" hatten? Wenn ja, beschreiben Sie, was in diesem Moment geschah.
   - Wofür waren Sie denn bis zu diesem Zeitpunkt blind gewesen?
   - Wie war es für Sie, dass Sie plötzlich etwas erkennen konnten, das Ihnen bis dahin verborgen war?

- Vielleicht haben Sie diese Erfahrung nicht in Bezug auf Ihren Glauben gemacht, aber in einem anderen Bereich Ihres Lebens. Hatten Sie schon einmal eine tiefere Erkenntnis über etwas oder jemanden, die Ihnen die Augen geöffnet hat? Wenn ja, beschreiben Sie diese Erfahrung.
- Was war nötig, damit Sie klar sehen konnten?
- Wie kann diese Erfahrung Ihnen zu einem tieferen Glauben verhelfen?

3. **Lesen Sie Johannes 9,1–2. Worin besteht der Unterschied zwischen der Art und Weise, wie die Jünger den Blinden sahen, und der Art und Weise, wie Jesus ihn sah? Lucado sagt, dieser Unterschied mache uns die erste Lektion deutlich, die wir von diesem Wunder lernen können. Um welche Lektion handelt es sich?**

4. **Lesen Sie Johannes 9,3–7. Wie heilte Jesus den Blinden?**
   - Warum hat er sich Ihrer Ansicht nach dafür entschieden, ihn auf diese Weise zu heilen?
   - Welche „Dreck-Momente“ – schwierige Lektionen, die dazu geführt haben, dass Sie besser sehen konnten – kennen Sie aus Ihrem eigenen Leben?
   - Wie haben Sie sich gefühlt, als Ihre Augen (im übertragenen Sinne) mit Dreck verschmiert waren?
   - Wie haben Sie sich gefühlt, als der Dreck entfernt wurde?
   - Warum verwendet Gott Ihrer Ansicht nach diese Methode, um uns etwas zu lehren?
   - Vielleicht erleben Sie gerade jetzt einen solchen „Dreck-Moment“. Haben Sie eine Idee, was Jesus Ihnen möglicherweise zeigen möchte?

5. **Jesus forderte den Blinden im Laufe dieses Heilungswunders auf, sein Gesicht im Teich Siloah zu waschen (Johannes 9,7). Lucado weist darauf hin, dass der Weg zu dem Teich für einen blinden Menschen schwierig war (S. 75). Warum hat der Blinde ihn Ihrer Ansicht nach trotzdem auf sich genommen?**
   - Hat Gott Sie jemals aufgefordert, etwas Schwieriges zu tun, ohne dass Sie wussten, warum?
   - Wenn ja, haben Sie gehorcht oder sich geweigert? Was war das Ergebnis?
   - Was verrät Ihnen dieser Teil der Geschichte über den Charakter des Blinden?

6. **Lesen Sie Johannes 9,13–20. Wie reagierten die Pharisäer auf die Heilung des Blinden?**
   - Wie reagierte der Blinde auf die Pharisäer?
   - Wie sind Ihre Mitmenschen damit umgegangen, als Ihre „geistigen Augen" geöffnet wurden? Haben sie skeptisch auf Ihre neue Sicht der Dinge oder Ihre veränderte Einstellung reagiert?
   - Wenn ja, warum waren sie Ihrer Ansicht nach skeptisch?
   - Welche Gefühle haben ihre Zweifel oder Bedenken bei Ihnen ausgelöst? Haben Sie etwas gesagt, um sich selbst oder Ihre Erfahrung zu verteidigen?

7. **Die Pharisäer warfen den Geheilten schließlich aus der Synagoge. Das war ein schwerwiegender Schritt, denn sie schlossen ihn dadurch aus der Gemeinschaft mit den anderen Gläubigen aus und nahmen ihm die Möglichkeit, Gott gemeinsam mit ihnen anzubeten. Warum sind die Pharisäer Ihrer Ansicht nach so weit gegangen?**

- Haben Sie schon erlebt, dass die Gemeindeleitung jemanden ausgegrenzt hat, weil er ihnen eine Wahrheit gesagt hat, die für sie unangenehm oder bedrohlich war?
- Warum wirkt die Wahrheit oft verletzend?

8. **Lesen Sie Johannes 9,35–41. Welche Auswirkungen hatte dieses Wunder – abgesehen davon, dass er wieder sehen konnte – sonst noch auf den Blinden?**
   - Obwohl er aus der religiösen Gemeinschaft ausgeschlossen worden war, weil er über das gesprochen hatte, was Jesus getan hatte, unterhielt sich der Geheilte mit Jesus, als sie sich zum nächsten Mal trafen. Er glaubte daran, dass dieser der Sohn Gottes war. Warum glaubte er das Ihrer Ansicht nach?
   - Worin bestand Jesus zufolge die Schuld der Pharisäer (Vers 41)?
   - Haben Sie schon einmal behauptet, etwas zu verstehen, und mussten später erkennen, dass sie es doch nicht verstanden hatten? Wenn ja, was hatten Sie falsch verstanden? Was oder wer hat Ihnen die Augen geöffnet?
   - Fordert Gott Sie heute in irgendeinem Bereich Ihres Lebens heraus? Vielleicht denken Sie, Sie würden etwas oder jemanden verstehen, aber Gott führt Sie auf eine tiefere oder andere Ebene des Verstehens. Erklären Sie, worum es geht. Könnten Sie Gott bitten, Ihnen zu helfen, diese Angelegenheit mit den Augen Jesu zu sehen?

9. **Welche der Lektionen, die Sie durch dieses Wunder gelernt haben, war für Sie am hilfreichsten, und warum?**

Kapitel 8

Die Stimme, die Tote auferweckt

1. **Der Tod ist eine Realität, die jeden betrifft. Was empfinden Sie, wenn Sie an den Tod denken? Haben Sie Angst davor? Verdrängen Sie den Gedanken daran? Haben Sie Frieden mit ihm geschlossen? Sind Sie neugierig darauf? Tun Sie alles, um ihn möglichst weit von sich zu schieben? Warum?**

2. **Haben Sie schon einmal erlebt, dass ein Ihnen nahestehender Mensch verstorben ist? Wenn ja, wie hat sich das auf Ihre Einstellung zum Tod und Ihre Gedanken darüber ausgewirkt? Führte es dazu, dass Sie sich mit Ihrem eigenen Tod beschäftigt haben?**

3. **Lesen Sie Johannes 11,1–6.**
   - Als was haben Maria und Marta Lazarus in ihrer Nachricht an Jesus bezeichnet?
   - Welche Reaktion erhofften sie sich Ihrer Ansicht nach von Jesus auf ihre Nachricht?
   - Was tat Jesus stattdessen?
   - Warum verhielt Jesus sich so?

4. **Haben Sie Gott jemals gebeten, etwas zu tun – jemanden zu heilen, Ihre Situation zu ändern oder etwas anderes –, und er hat es nicht getan?**
   - Wie fühlten Sie sich dadurch in Bezug auf die Situation?
   - Was empfanden Sie dadurch in Bezug auf Gott?

5. **Lesen Sie Johannes 11,11–15: Jesus wusste, was mit Lazarus passierte. Es war also nicht Unwissenheit, was Jesus davon abhielt, früher zu ihm zu reisen. Und er war auch nicht überrascht, als dieser dann starb. Was hat Jesus Ihrer Meinung nach empfunden, als er den Tod eines lieben Freundes zuließ, obwohl er ihn hätte verhindern können?**
   - Was verrät Ihnen das über den Sinn und die Bedeutung dieses Wunders?
   - Was verrät Ihnen das über die Situation, für die Sie beten, bei der Sie aber immer noch keine Antwort bekommen haben?

6. **In Johannes 11,20 heißt es: „Als Marta erfuhr, dass Jesus auf dem Weg zu ihnen war, eilte sie ihm entgegen. Maria aber blieb im Haus." Warum blieb Maria Ihrer Ansicht nach zu Hause, statt Jesus entgegenzugehen und ihn zu begrüßen?**
   - Was hätten Sie an Marias oder Martas Stelle getan?
   - Hat Jesus schon einmal auf eines Ihrer Gebete mit einer Antwort reagiert, die Ihrer Ansicht nach nicht umfassend genug war und zu spät kam? Wofür hatten Sie gebetet und welche Antwort hatten Sie sich von Jesus erhofft?
   - Hatte das (negative) Auswirkungen auf Ihren Glauben? Wenn ja, in welcher Hinsicht?

7. **Lesen Sie Johannes 11,28–33. Was sagte Maria zu Jesus, als sie schließlich zu ihm kam (Vers 32)?**
   - Was denken Sie über ihre Worte?
   - Wie reagierte Jesus auf Maria?
   - Warum war Jesus Ihrer Ansicht nach zornig?
   - Wenn Sie lesen, dass Jesus weinte – was verrät Ihnen das über die Tiefe seines Mitgefühls auch für Sie?
   - Was verraten Ihnen die Gefühle von Jesus in diesen Versen darüber, wer er war und ist?

8. **Lucado schreibt, dass es ein Befehl gewesen sei und keine Einladung, als Jesus Lazarus aufforderte, aus dem Grab herauszukommen (S. 87). Inwiefern ist dieser Moment ein Beweis für die Macht, die Jesus hat?**

9. **Lucado unterstreicht, dass dieses Wunder uns nicht nur zeigt, dass Jesus die Macht hat, Tote aufzuerwecken. Es beinhaltet auch ein Versprechen. Worum geht es dabei (S. 90)?**

10. **Lazarus wird beschrieben als „der, den Jesus lieb hat". Vielleicht betrachten Sie sich selbst nicht als einen Menschen, „den Jesus lieb hat", aber lesen Sie die folgenden Verse, die beschreiben, welche Beziehung wir durch Jesus zu Gott haben:**

    1. Petrus 2,9 (Hfa): *„Ihr aber seid ein von Gott auserwähltes Volk, seine königlichen Priester, ihr gehört ganz zu ihm und seid sein Eigentum. Deshalb sollt ihr die großen Taten Gottes verkünden, der euch aus der Finsternis befreit und in sein wunderbares Licht geführt hat."*

Epheser 2,10: *„Denn wir sind Gottes Schöpfung. Er hat uns in Christus Jesus neu geschaffen, damit wir die guten Taten ausführen, die er für unser Leben vorbereitet hat."*

Römer 8,15–17: *„Deshalb verhaltet euch nicht wie ängstliche Sklaven. Wir sind doch Kinder Gottes geworden und dürfen ihn ‚Abba, Vater' rufen. Denn der Geist Gottes selbst bestätigt uns tief im Herzen, dass wir Gottes Kinder sind. Und als seine Kinder sind wir auch Miterben an seinem Reichtum – denn alles, was Gott seinem Sohn Christus gibt, gehört auch uns. Doch wenn wir an seiner Herrlichkeit teilhaben wollen, müssen wir auch seine Leiden mit ihm teilen."*

- Unterstreichen Sie jedes Wort, das beschreibt, wie Gott uns sieht.
- Welche dieser Beschreibungen spricht Sie am meisten an? Warum?
- Wenn Sie daran denken, dass Jesus seinen Freund Lazarus von den Toten auferweckt hat, wie viel liegt ihm dann Ihrer Ansicht nach daran, auch uns – Gottes Schöpfung, seine Kinder und Erben – eines Tages an der Auferstehung teilhaben zu lassen?

11. Im Gespräch mit Marta sprach Jesus ein kühnes Bekenntnis aus und stellte eine eindringliche Frage: „Ich bin die Auferstehung und das Leben. Wer an mich glaubt, wird leben, auch wenn er stirbt. Er wird ewig leben, weil er an mich geglaubt hat, und niemals sterben. Glaubst du das, Marta?" (Johannes 11,25–26). Ersetzen Sie doch einmal Martas Namen durch Ihren eigenen. Könnten Sie diese Frage mit Ja beantworten? Warum oder warum nicht?

Kapitel 9

Vollständig bezahlt

1. Was wussten Sie vor dem Lesen dieses Kapitel über die Kreuzigung Jesu? Was war Ihrer Ansicht nach der Sinn seines Todes am Kreuz?

2. Warum sagt Lucado, dass man die Kreuzigung als Wunder betrachten kann?

3. Die letzten Worte, die Jesus am Kreuz sprach, waren: „Es ist vollbracht!" (Johannes 19,30). Das griechische Wort, das mit „es ist vollbracht" übersetzt wird, lautet *telestai*. Was ist so bedeutsam daran, dass Jesus dieses bestimmte Wort in diesem Kontext benutzt?

4. Lucado stellt die Frage: „Was genau war nun vollbracht?" (S. 95) Wie würden Sie diese Frage beantworten?

5. Gibt es eine Sünde oder einen Situation in Ihrer Vergangenheit, die heute noch Schuld- oder Schamgefühl bei Ihnen auslöst? Warum ist dieses Schuld- oder Schamgefühl so stark?

6. **Lucado zitiert Hebräer 10,14: „Denn durch dieses eine Opfer hat er [Christus] alle, die er heiligt, für immer vollkommen gemacht", und schreibt: „Es wird kein weiteres Opfer nötig sein. Der Himmel erwartet keine zusätzliche Opfergabe mehr" (S. 95).**
   - Was geht Ihnen durch den Kopf, wenn Sie diese Worte lesen?
   - Glauben Sie von ganzem Herzen an die Kraft dieses endgültigen Opfers?
   - Spiegelt die Art und Weise, wie Sie in Bezug auf Ihre eigene Schuld empfinden, diesen Glauben wider? Warum oder warum nicht?

7. **Es ist leicht, die Zusage: „Es ist vollbracht!" aus dem Blick zu verlieren. Wir versuchen oft, uns unsere Vergebung dadurch zu verdienen, dass wir eigene Opfer bringen. Haben Sie das schon einmal getan? Wenn ja, auf welche Weise haben Sie versucht, für Ihre Schuld und Ihre Fehler eigene Opfer zu bringen?**

8. **Manche Menschen finden es schwierig, das anzunehmen, was Jesus für sie getan hat. Unsere Schuld hindert uns oftmals daran, die Vergebung mit offenen Armen zu empfangen. Haben Sie dieses Geschenk angenommen, oder hält Ihre Schuld Sie davon ab, „das große Wunder der Gnade" in Empfang zu nehmen?**

9. **Lesen Sie die folgenden Verse:**

   1. Korinther 6,18 (GN): *„Hütet euch vor der Unzucht! Alle anderen Sünden, die ein Mensch begehen kann, betreffen*

nicht seinen Körper. Wer aber Unzucht treibt, vergeht sich an seinem eigenen Leib."

Galater 5,19–21: *„Gebt ihr dagegen eurer alten menschlichen Natur nach, ist offensichtlich, wohin das führt: zu sexueller Unmoral, einem sittenlosen und ausschweifenden Leben, zur Götzenanbetung und zu abergläubischem Vertrauen auf übersinnliche Kräfte. Feindseligkeit, Streit, Eifersucht, Wutausbrüche, hässliche Auseinandersetzungen, Uneinigkeit und Spaltungen bestimmen dann das Leben ebenso wie Neid, Trunksucht, Fressgelage und ähnliche Dinge. Ich habe es schon oft gesagt und warne euch hier noch einmal: Wer so lebt, wird niemals in Gottes Reich kommen."*

Kolosser 3,5–7: *„Also trennt euch ganz entschieden von einem Lebensstil, wie er für diese Welt kennzeichnend ist! Trennt euch von sexueller Unmoral und Ausschweifungen, von Leidenschaften und Lastern, aber auch von der Habgier, die den Besitz für das Wichtigste hält und ihn zu ihrem Gott macht! Gerade mit einem solchen Verhalten ziehen die Menschen, die Gott nicht gehorchen wollen, seinen Zorn auf sich. Auch ihr habt früher so gelebt und habt euch von diesen Dingen beherrschen lassen."*

- Welche Warnung ist in all diesen Versen enthalten?
- Löst einer (oder mehrere) dieser Verse Spannung oder Verwirrung bei Ihnen aus? Wenn ja, welche(r) und warum? Lesen Sie nun die folgenden Verse:

Psalm 103,10–13: *„Er bestraft uns nicht, wie wir es verdienen; unsere Sünden und Verfehlungen zahlt er uns nicht heim.*

Denn so hoch, wie der Himmel über der Erde ist, so groß ist seine Liebe zu allen, die Ehrfurcht vor ihm haben. So fern, wie der Osten vom Westen liegt, so weit wirft Gott unsere Schuld von uns fort! Wie ein Vater seine Kinder liebt, so liebt der Herr alle, die ihn achten und ehren."

Römer 8,38–39: *„Denn ich bin ganz sicher: Weder Tod noch Leben, weder Engel noch Dämonen, weder Gegenwärtiges noch Zukünftiges noch irgendwelche Gewalten, weder Hohes noch Tiefes oder sonst irgendetwas auf der Welt können uns von der Liebe Gottes trennen, die er uns in Jesus Christus, unserem Herrn, schenkt."*

Römer 6,6–7: *„Letztlich geht es doch darum: Unser früheres Leben endete mit Christus am Kreuz. Unser von der Sünde beherrschtes Wesen ist damit vernichtet, und wir müssen nicht länger der Sünde dienen. Denn wer gestorben ist, kann nicht mehr von der Sünde beherrscht werden."*

- Um welches Thema geht es in allen diesen Abschnitten?
- Wie schaffen wir es, diese beiden Aspekte miteinander zu vereinbaren: einerseits die völlige Vergebung unserer Schuld anzunehmen und andererseits der biblischen Aufforderung Folge zu leisten, nicht zu sündigen? Wie finden wir die richtige Balance?

10. Kehren Sie zu Frage Nr. 5 zurück. Empfinden Sie nun, da Sie das Wunder von Kreuzigung und Auferstehung besser verstehen, anders in Bezug auf diese Schuld, diesen Fehler oder diese Situation? Wenn ja, inwiefern? Wenn nein, warum nicht?

11. Lucado erzählt die Geschichte seiner Enkelin Rosie, die zum ersten Mal das Meer sieht. Sie erkundigte sich erstaunt, wann die Wellenbewegung aufhören würde. Lucado antwortete: „Es hört nicht auf, Schatz." Wenn Sie wirklich glauben würden, dass Gottes Gnade so unerschöpflich strömen würde wie die Wellen des Ozeans, wie würde sich das auf Ihr Leben auswirken?

- Was würde sich dadurch an der Art und Weise ändern, wie Sie mit anderen umgehen?
- Wie könnte es sich auf das Bild auswirken, das Sie von sich selbst haben?

Kapitel 10

Er sah und glaubte

1. **Welche der folgenden Beschreibungen trifft aktuell am besten auf Sie und Ihren Glauben zu und warum? (Es gibt keine falsche Antwort.)**

   Feurige(r) Gläubige(r): Sie glauben fest daran, dass Jesus Gottes Sohn ist, dass er am Kreuz gestorben ist, um die Vergebung Ihrer Schuld zu ermöglichen, dass er begraben wurde und zu neuem Leben auferstanden ist.

   Hoffnungsvolle(r) Skeptiker(in): Was die Sache mit Jesus und der Auferstehung angeht, sind Sie nicht ganz sicher, aber Sie sind auf der Suche und offen für den Glauben und spirituelle Fragen.

   Ungläubiger: Jesus war zwar eine bedeutende historische Person und ist vielleicht auch am Kreuz gestorben, aber er ist nicht von den Toten auferstanden.

2. **Zu Beginn dieses Kapitels gesteht Lucado, dass es eine Zeit in seinem Leben gab, in der er die Auferstehung von Jesus anzweifelte. Wenn Sie sich selbst als „feurige(n) Gläubige(n)" bezeichnen: Haben Sie jemals an der Auferstehung oder einem anderen Aspekt des christlichen Glaubens**

gezweifelt? Wenn ja, woran haben Sie gezweifelt, und warum?
Wenn Sie sich als hoffnungsvolle(n) Skeptiker(in) betrachten, welche konkreten Zweifel haben Sie an den Berichten über Jesus und warum?

3. **War/Ist es in dem gemeindlichen Umfeld, in dem Sie groß geworden sind oder sich aktuell bewegen, erlaubt, unsicher zu sein und Zweifel zu haben?**
   - Wie haben sich diese Gefühle und Zweifel auf Ihren Glaubensweg ausgewirkt?
   - Finden Sie es in Ordnung, wenn Sie selbst oder andere Zweifel am Glauben hegen? Warum oder warum nicht?

4. **Lesen Sie Johannes 19,38–41. Wie wurde der Körper von Jesus behandelt? Wo wurde sein Leichnam abgelegt?**

5. **Nun lesen Sie Johannes 20,1–8. Was fanden Petrus und Johannes im Grab vor? Warum ist das wichtig?**

6. **Wann hat Johannes zum ersten Mal daran geglaubt, dass Jesus von den Toten zurückgekehrt war (siehe Johannes 20,9)?**
   - Warum glaubte Johannes, dass Jesus auferstanden war, obwohl er diesen doch noch nicht lebendig gesehen hatte?
   - Welchen Hinweis hatte Johannes darauf, dass Jesus lebte?

7. **Wann haben Sie zum ersten Mal an die Auferstehung von Jesus geglaubt?**
   - Was hat dazu beigetragen, dass Sie daran glaubten? Beweise? Ihr Glaube? Beides?

- Was bedeutete dieser Glaube für Sie?
- Wie fühlte es sich an zu glauben?

8. Wie oft verwendete Johannes das Wort *glauben* in seinem Evangelium?

- Warum gebrauchte er es Ihrer Ansicht nach so oft?
- Lucado sagt: „*Glauben* bedeutet mehr als nur ‚für wahr halten'. Es bedeutet auch, ______________________ und ______________________" (S. 104). Füllen Sie die Lücken aus.
- Würden Sie sagen, dass Sie in dieser Weise an die Auferstehung glauben? Warum oder warum nicht?

9. Warum ist der Glaube an die Auferstehung von Jesus so zentral für den christlichen Glauben?

- Betrachten Sie die Auferstehung als einen zentralen Punkt Ihres Glaubens? Warum oder warum nicht?
- Denken Sie, es ist möglich, Christ zu sein, ohne an die Auferstehung zu glauben? Warum oder warum nicht?
- In 1. Korinther 15,17 schreibt Paulus: „Wenn aber Christus nicht auferstanden ist, dann ist euer Glaube nutzlos." Warum ist das so? Fällt es Ihnen schwer, dieser Aussage zuzustimmen?

10. Welche weiteren Beweise führt Lucado noch dafür an, dass die Auferstehung wahr ist (S. 108)?

- Warum ist es wichtig, dass es so viele Zeugen für Jesu Tod und seine Auferstehung gibt?
- Denken Sie darüber nach, in welcher Weise die Menschheitsgeschichte im Laufe der Jahrhunderte durch die Berichte von Augenzeugen dokumentiert wurde. Was hält uns

oder andere davon ab, an das zu glauben, was die Verfasser der biblischen Bücher über die Auferstehung sagen?

- Gibt es für Sie einen Unterschied hinsichtlich der historischen Ereignisse, die Sie im Schulunterricht gelernt haben, und der Auferstehung? Wenn ja, worin besteht dieser Unterschied?

11. **Johannes sah den auferstandenen Christus am Abend, nach dessen Auferstehung. Lesen Sie Johannes 20,19–22.**
    - Was waren die ersten Worte, die Jesus zu seinen Jüngern sagte?
    - Was zeigte er ihnen?
    - Welche Gefühle löste das bei den Jüngern aus?
    - Was dachte und fühlte Johannes wohl in diesem Moment, nachdem er zuvor schon das leere Grab und die Grabtücher gesehen hatte?

12. **Lucado schreibt: „Glaube ist nicht die Abwesenheit von Zweifeln. Glaube ist die Bereitschaft, die schwierigen Fragen zu stellen“ (S. 108). Welche schwierigen Fragen müssen oder wollen Sie Gott heute stellen? Vielleicht haben Sie ein paar Fragen zur Auferstehung oder zu einigen Dingen, die gerade in Ihrem Leben geschehen. Oder vielleicht haben Sie Zweifel in Bezug auf andere Bereiche Ihres Glaubens. Was auch immer es ist, kommen Sie mit Ihren Fragen und Zweifeln zu Ihrem himmlischen Vater. Kommen Sie ohne Scham oder Furcht, denn er versteht Sie und möchte Ihnen zuhören.**

Kapitel 11

Frühstück mit Jesus

1. **Haben Sie schon einmal ein Versprechen gebrochen, das Sie einem nahestehenden Menschen gegeben hatten?**
   - Worum ging es dabei?
   - Wie hat Ihr Gegenüber darauf reagiert?
   - Wenn er oder sie Ihnen vergeben hat: Inwiefern hat sich Ihre Beziehung dadurch verändert?
   - Wenn er oder sie Ihnen nicht vergeben hat: Was geschah dann? Welche Veränderungen hat das nach sich gezogen?

2. **Wir alle haben im Laufe unseres Lebens Menschen verletzt. Und wir alle haben Gott verletzt. Lucado schreibt: „Wir sind nämlich ebenfalls gefallen, und zwar ziemlich tief, und wir sollten uns ehrlich die Frage stellen, warum Gott uns um alles in der Welt immer noch seine Kinder nennt. Ich spreche hier nicht von … kleinen Versehen. Ich meine unsere Jona-Momente, in denen wir uns von Gott abgewandt haben, unsere Elia-Momente, in denen wir vor Gott davongelaufen sind, und unsere Jakob-Momente, in denen wir Gott herausgefordert haben" (S. 112).**

- Wenn Sie das lesen, fällt Ihnen dann eine Situation ein, in der Sie ziemlich tief gefallen sind?
- Was empfindet Gott Ihrer Ansicht nach in Bezug auf dieses Ereignis oder diese Zeit in Ihrem Leben?

3. **Lucado bezeichnet die Beziehung von Petrus zu Jesus als Achterbahn-Freundschaft. Lesen Sie Lukas 5,1–11.**
   - Wie begann die Beziehung zwischen Petrus und Jesus?
   - Wie reagierte Petrus auf das Fisch-Wunder von Jesus (Vers 8)?
   - Was taten Petrus und die anderen Jünger anschließend (Vers 11)?
   - Wie würden Sie anhand dieses Bibelabschnitts die Beziehung zwischen Petrus und Jesus beschreiben?
   - Gab es eine Zeit in Ihrem Leben, als Ihre Beziehung zu Jesus der hier beschriebenen ähnelte – sie war neu, aufregend und real, so real, dass Sie bereit waren, alles für ihn zu tun? Wenn Sie so etwas erlebt haben, wie würden Sie diese Zeit beschreiben?

4. **Lesen Sie Markus 14,27–31.**
   - Was schwor Petrus Jesus in diesem Bibelabschnitt?
   - Denken Sie, Petrus meinte seine Worte ernst? Warum oder warum nicht?
   - Wie würden Sie anhand dieser Bibelstelle die Beziehung zwischen Petrus und Jesus beschreiben?
   - Haben Sie Jesus jemals ein ähnliches Versprechen gegeben? Wenn ja, was haben Sie ihm versprochen und warum?

5. **Lesen Sie Markus 14,66–72.**
   - Warum hat Petrus Ihrer Ansicht nach seine Beziehung zu Jesus geleugnet?
   - Was tat Petrus, als der Hahn krähte und er sich an das erinnerte, was Jesus ihm angekündigt hatte?
   - Haben Sie jemals ein Versprechen gebrochen, das Sie Jesus gegeben hatten? Vielleicht war es dasselbe Versprechen, das Sie in Frage Nr. 4 genannt haben?
   - Wie fühlten Sie sich, als Ihnen bewusst wurde, dass Sie Ihr Versprechen gebrochen hatten?

6. **Als die Frauen am Grab dem Engel begegneten, erwähnte dieser von all den Aposteln nur einen namentlich: Petrus (Markus 16,7). Lucado schreibt: „Der ganze Himmel hat Petrus' Scheitern mitbekommen. Und jetzt scheint der ganze Himmel Petrus auch helfen zu wollen, wieder auf die Füße zu kommen."**
   - Was verrät Ihnen das über Jesus und darüber, wie er Petrus gegenüber empfand?
   - Was sagt Ihnen das darüber, wie Jesus Ihnen gegenüber empfindet?

7. **Lesen Sie Johannes 21,1–9.**
   - Welche Ähnlichkeiten bestehen zwischen dieser Wundergeschichte und der Geschichte in Lukas 5,1–11?
   - Nun lesen Sie Johannes 21,15–17. Inwiefern gibt es in diesem Gespräch Parallelen zu der Verleugnung Jesu durch Petrus, von der in Markus 14,66–72 berichtet wird?
   - Was ist Ihrer Ansicht nach der Grund für diese Parallelen?
   - Was verrät Ihnen das über die Beziehung zwischen Petrus und Jesus?

8. **In welcher der Geschichten über Petrus, die Sie gerade gelesen haben, finden Sie sich selbst aktuell besonders gut wieder?**
   - Sind Sie gerade erst zum Glauben gekommen und bereit, alles für Jesus aufzugeben?
   - Haben Sie Jesus ein Versprechen gegeben?
   - Haben Sie dieses Versprechen gebrochen und schämen sich nun deswegen?
   - Haben Sie in der letzten Zeit die Erfahrung gemacht, dass Jesus Ihnen vollkommen vergeben und Ihre Beziehung zu ihm wiederhergestellt hat?
   - Unabhängig davon, wo Sie heute stehen: Wie würden Sie sich Ihre Beziehung zu Jesus wünschen?

9. **Lucado erzählt eine Geschichte, wie seine Frau ihm vergab. Welche Botschaft der Vergebung von Jesus würden Sie gern auf Ihrem Spiegel lesen?**

10. **Petrus hatte seine Aufgaben noch nicht erfüllt. Jesus sagte ihm: „Weide meine Lämmer ... Hüte meine Schafe ... Weide meine Schafe“ (Johannes 21,15–17).**
    - Was tat Petrus anschließend für Jesus (S. 119)?
    - Haben Sie sich von Ihrem eigenen Versagen daran hindern lassen, daran zu glauben, dass Jesus weiterhin durch Sie wirken will?
    - Wenn ja, zu welcher Aufgabe sind Sie Ihrer Ansicht nach nicht länger befähigt?
    - Wenn Sie das Gefühl hätten, dass Jesus Ihnen vollkommen vergeben hat, was würden Sie in seinem Namen tun wollen?

11. Lucado weist darauf hin, dass Jesus Petrus Vergebung anbot, Petrus jedoch auch seinen Teil dazu beitragen musste. Petrus ging nach Galiläa, er sprang ins Wasser und schwamm zum Strand, und er sprach mit Jesus. Müssen Sie heute einen Schritt auf Jesus zutun? Wenn ja, wie könnte dieser Schritt für Sie praktisch aussehen?

Kapitel 12

Glauben, einfach nur glauben!

1. **Johannes hielt fest, warum er sein Evangelium niederschrieb und von den Zeichen und Wundern berichtete, die Jesus vollbracht hatte: „Diese aber wurden aufgeschrieben, damit ihr glaubt, dass Jesus der Christus ist, der Sohn Gottes, und damit ihr durch den Glauben an ihn in seinem Namen das ewige Leben habt" (Johannes 20,31). Wie hat sich die Beschäftigung mit den Wundern Jesu auf Ihren Glauben an ihn als den auferstandenen Gottessohn ausgewirkt?**

2. **Welche Wahrheit oder Verheißung haben Sie jeweils aus den unten aufgeführten Wundern mitgenommen? Welches schien am meisten mit Ihrem heutigen Leben zu tun zu haben?**

   a. Als Jesus Wasser in Wein verwandelte:

   ____

   b. Als er den Sohn des königlichen Beamten heilte:

   ____

   c. Als er den Lahmen heilte:

   ____

d. Als der den Blinden heilte:

____

e. Als er auf dem Wasser ging:

____

f. Als er die Fünftausend speiste:

____

g. Als er Lazarus von den Toten auferweckte:

____

h. Als er das Erlösungswerk am Kreuz vollbrachte:

____

i. Als sein Körper wieder zum Leben auferweckt wurde:

____

j. Als er das Netz der Jünger mit Fischen füllte und Petrus eine zweite Chance gab:

____

3. **Lucado schreibt: „Die Botschaft dieser Wunder ist der Wunderwirker selbst. Er möchte, dass Sie wissen, dass Sie niemals allein sind. Dass er immer an Ihrer Seite ist. Sie sind nie ohne Hilfe, Hoffnung oder Kraft. Sie sind stärker, als Sie denken, denn Gottes ist näher, als Sie sich vorstellen können" (S. 131). Welches der oben aufgeführten Wunder hilft Ihnen am meisten, an diese Zusage zu glauben, und warum?**

4. **Lucado erzählt die bewegende Geschichte von Luke, der beim Basketball einen Korb warf, nachdem seine Mannschaftskameraden und sogar das gegnerische Team ihm wieder und wieder den Ball zugeworfen hatten.**
   - Welche Ähnlichkeit gibt es zwischen uns und Luke?
   - Denken Sie über die vergangenen Wochen nach. Haben Sie irgendwelche Wunder erlebt, die Sie in dem Moment, als sie

geschahen, nicht wahrgenommen haben? Wenn ja, worum handelte es sich?

- Welche Wunder haben andere Menschen in Ihrem Umfeld erlebt, die Sie selbst nicht als Wunder betrachtet haben?
- Warum ist es schwierig für uns, die Wunder zu bemerken, die Tag für Tag um uns herum geschehen?
- Bezeichnen Sie solche Ereignisse normalerweise als Wunder oder als etwas anderes, zum Beispiel als Zufall oder Glücksfall? Warum?
- Was verraten Ihnen diese kleinen oder großen Wunder in Ihrem Leben über Gott und seine Gegenwart?

5. **Lucado zählt mehrere Bibelstellen auf, in denen uns versichert wird, dass Gott uns nah ist (S. 132). Gibt es eine davon, die Sie heute ganz besonders brauchen? Warum?**

6. **Die erste Frage im 1. Kapitel dieses Fragenteils lautete: „Wie denken Sie über Wunder?" Hat Ihre Antwort auf diese Frage sich in irgendeiner Weise verändert oder ist sie gleich geblieben? Erklären Sie, warum.**

7. **Welche Zweifel haben Sie noch in Bezug auf Wunder – seien es Wunder in Ihrem eigenen Leben oder die Wunder, von denen im Johannesevangelium berichtet wird?**
   - Warum haben Sie diese konkreten Zweifel?
   - Was müssten Sie sehen oder erleben, um diese Zweifel zu überwinden?

8. **Die wichtigste Botschaft dieses Buches ist sein Titel: *Denn Gott ist mit dir.* Wie kann diese Zusage Sie, Ihr Leben, Ihren Glauben und Ihre Beziehungen verändern?**

9. Kommen Sie mit all Ihren abschließenden Gedanken, Fragen, Gebeten oder Anliegen zu Ihrem himmlischen Vater. Wenn Sie ein Wunder brauchen, bitten Sie darum. Wenn Sie mehr Glauben brauchen, bitten Sie darum. Wenn Sie Vergebung brauchen, bitten Sie darum. Wenn Sie die Gewissheit brauchen, dass Sie nie allein sind, bitten Sie Gott um das tiefe, unerschütterliche Bewusstsein seiner nie endenden Gegenwart.

Danksagung

Ich glaube, ich weiß, was passiert ist. Vor langer Zeit hat Gott beschlossen, dass Max Lucado alle Hilfe brauchte, die der Himmel aufbringen konnte. Er wusste, dass ich den roten Faden verlieren, Dinge vor mir herschieben, schlecht gelaunt sein und in Selbstmitleid baden und ein hervorragend geschultes, erstklassiges Team zur Unterstützung brauchen würde, um das mich alle Engel beneideten. Denn wie sonst könnte es passieren, dass ich von so wunderbaren Menschen umgeben bin? Ich habe sie nicht verdient. Aber ich liebe sie von ganzem Herzen.

Sehr geehrte Damen und Herren, darf ich Ihnen (Trommelwirbel bitte) das beste Team von Unterstützern vorstellen, das ein Autor jemals gehabt hat?

Liz Heaney und Karen Hill: Ihr seid die besten Lektorinnen überhaupt. Ich danke euch zum einmillionsten Mal.

Carol Bartley: Du bist für das Korrektorat, was Julia Child fürs Kochen war: die Größte.

Steve und Cheryl Green: Der Himmel hat euch an uns ausgeliehen und wir werden euch nicht zurückgeben.

Das HCCP-Team der Superhelden: Mark Schoenwald, Don Jacobson, Tim Paulson, Mark Glesne, Erica Smith, Janene MacIvor und Laura Minchew.

Brian Hampton: Meine besondere Ehrerbietung gilt diesem

wunderbaren Mann, der von der irdischen in die himmlische Welt gegangen ist, während dieses Buch fertiggestellt wurde.

David Moberg: Seit 1975 ein Urgestein der christlichen Verlagslandschaft und seit 1989 ein wesentlicher Bestandteil meiner Welt. Danke dafür, dass du ... na ja, dass du David Moberg bist.

Jana Muntsinger und Pamela McClure: Auch wenn ihr offiziell Pressesprecherinnen seid, wäre *Freundinnen* das bessere Wort. Ich danke euch.

Greg und Susan Ligon: Ihr beruhigt. Ihr klärt. Ihr seid kreativ. Gibt es irgendetwas, das ihr nicht könnt? Danke, dass ihr diesen Zug in seiner Spur haltet.

Dave Treat: Wieder einmal hast du dieses Projekt im Gebet vorangebracht. Mögen deine innigsten Gebete erhört werden.

Janie Padilla und Margaret Mechinus: Dank euch werden Telefonanrufe getätigt, E-Mails beantwortet, Bücher ins Regal gestellt und Wogen geglättet.

Brett, Jenna, Rosie, Max, Andrea, Jeff und Sara: Dieser Familienstammbaum wird immer grüner, lebendiger und verrückter. Ich liebe jede(n) Einzelne(n) von euch.

Und Denalyn, meine Braut: Gott hat dich aus demselben Material geschaffen wie Geigen und edlen Wein. Ebenso wie sie wirst du im Laufe der Zeit immer besser und großartiger. Ich liebe dich.

Anmerkungen

Kapitel 1

1 „The ‚Loneliness Epidemic'", https://www.hrsa.gov/enews/past-issues/2019/january-17/loneliness-epidemic; Julianne Holt-Lunstad, PhD, „The Potential Public Health Relevance of Social Isolation and Loneliness: Prevalence, Epidemiology, and Risk Factors", in: *Public Policy & Aging Report*, Band 27, Ausgabe 4, 2017, S. 127–130; https://doi.org/101093/ppar/prx030, veröffentlich am 2. Januar 2018; „Friends are Healthy – Impact of Loneliness on Health & Cognition", https://www.themaples-towson.com/news/friends-are-healthy-impact-of-lonliness-on-health-cognition.

2 Teresa Woodard, „80 People Went to Dallas Emergency Rooms 5,139 Times in a Year – Usually Because They Were Lonely", WFAA, 28. Mai 2019; https://www.wfaa.com/article/features/originals/80-people-went-to-dallas-emergency-rooms-5139-times-in-a-year-usually-because-they-were-lonely/287-f5351d53–6e60–4d64–8d17–6ebba48a01e4.

Kapitel 2

1 „Hier steht nun der Glaube im rechten Kampf … [Maria] deutet das alles in ihrem Herzen nicht auf Zorn oder als sei es wider seine Güte, sondern bleibt fest in dem Sinn, er sei gütig … und lässt sich solchen Glauben durch den Stoß nicht nehmen, dass sie ihm sollte drum auch im Herzen die Schande antun und ihn nicht für gütig und gnädig halten … Darum ist dies Stück des Evangeliums das höchste und wohl zu merken, dass wir Gott die Ehre geben müssen, dass er gütig und gnädig ist, ob er gleich selber sich anders stellt und sagt … Gewiss ist sie, dass er gnädig sein wird, obwohl sie es nicht fühlt." Erwin Mülhaupt [Hrsg.]: *Dr. Martin Luthers Evangelien-Auslegung: Vierter Teil. Das Johannes-Evangelium*

mit Ausnahme der Passionstexte. Bearbeitet von Dr. theol. Eduard Ellwein, Göttingen 1954, S. 88.

2 Sechs Wasserkrüge mit je etwa 95 Litern entsprechen 570 Litern. Eine Standard-Weinflasche fasst 0,75 Liter. Somit lassen sich mit ca. 570 Litern Wein etwa 760 Flaschen füllen.

Kapitel 3

1 Bill Bryson, *A Walk in the Woods: Rediscovering America on the Appalachian Trail* (New York: Random House, 1998), S. 161.

2 Zach C. Cohen, „Bill Irwin Dies at 73; First Blind Hiker of Appalachian Trail", in: *Washington Post*, 15. März 2014, www.washingtonpost.com/national/bill-irwin-dies-at-73-first-blind-hiker-of-appalachian-trail/2014/03/15/a12cfa1a-ab9b-11e3-af5f-4c56b834c4bf_story.html.

3 R. Kent Hughes, *John: That You May Believe* (Wheaton, IL: Crossway, 1999), S. 138.

Kapitel 4

1 Grace Murano, „10 Bizarre Stories of People Getting Stuck", *Oddee*, April 4, 2011, www.oddee.com/item_97665.aspx.

2 In späteren Handschriften findet sich noch ein weiterer Vers mit dem seltsamen Hinweis auf einen Engel, der von Zeit zu Zeit die Wasseroberfläche bewegte. Der Erste, der danach in den Teich stieg, sei geheilt worden. Fast alle Theologen sind sich einig, dass diese Worte von einem Redakteur hinzugefügt wurden, der erklären wollte, warum die Menschen zu dem Teich kamen. Ob dieser Satz nun im Originaltext von Johannes enthalten war oder nicht – die Tatsache bleibt bestehen, dass der Teich Bethesda von zahllosen kranken Menschen umlagert war: „Scharen von kranken Menschen – Blinde, Gelähmte oder Verkrüppelte – lagen in den Hallen" (Johannes 5,3).

3 „Bethesda", BibleWalks.com, biblewalks.com/Sites/Bethesda.html.

4 Lee Strobel, *Wunder – Was ist wirklich dran?* (Asslar: Gerth Medien, 2019), S. 103–107. Billy Hallowell, „The Real-Life Miracle That Absolutely Shocked Lee Strobel", PureFlix.com, 24. April 2018, insider.pureflix.com/movies/the-real-life-miracle-that-absolutely-shocked-lee-strobel.

5 Zitiert mit freundlicher Genehmigung des Verfassers.

Kapitel 5

1 Das englische Wort *curse* lässt sich im Deutschen mit *fluchen übersetzen.*
2 1. Mose 41,9–14; 2. Mose 2,6; 1. Samuel 17,48–49; Matthäus 27,32–54
3 „Chambers, Gertrude (Biddy) (1884–1966); Archival Collections at Wheaton College", Wheaton College, archives.wheaton.edu/repositories/2/archival_objects/199 990.
4 Macy Halford, „Why We're Still Reading ‚My Utmost for His Highest' 80 Years Later", in: *Christianity Today*, 9. März 2017, www.christianitytoday.com/ct/2017/march-web-only/utmost-for-his-highest-popular-devotional-reading-chambers.html.

Kapitel 6

1 Falls es Sie interessiert: Das Geheimnis des Mannes kam ans Licht und er wurde für seine Taten bestraft.
2 Katherine and Jay Wolf, Hope Heals: *A True Story of Overwhelming Loss and an Overcoming Love* (Grand Rapids, MI: Zondervan, 2016), S. 163–165.

Kapitel 7

1 Das Lied wurde von dem ehemaligen Sklavenhändler John Newton geschrieben und von Anton Schulte ins Deutsche übertragen; www.hymntime.com/tch/non/de/o/g/n/a/ognadego.htm.
2 Lea Winerman, „By the Numbers: An Alarming Rise in Suicide", in: *American Psychological Association 50*, Nr. 1 (Januar 2019), www.apa.org/monitor/2019/01/numbers. In Deutschland ist die Selbstmordrate seit Jahrzehnten rückläufig: de.statista.com/statistik/daten/studie/583/umfrage/sterbefaelle-durch-vorsaetzliche-selbstbeschaedigung.
3 „Opioid Overdose Crisis", *National Institute on Drug Abuse*, NIH, überarb. Februar 2020, www.drugabuse.gov/drugs-abuse/opioids/opioid-overdose-crisis.
4 Johannes 3,17; 4,34; 5,24. 30. 36; 6,27. 29. 38. 44. 57; 7,16. 18. 28–29. 33; 8,16. 18. 26. 29. 42; 9,4
5 Hershel Shanks, „The Siloam Pool: Where Jesus Cured the Blind Man", in: *Biblical Archaeology Review* 31.5 (Sept./Okt. 2005); baslibrary.org/biblical-archaeology-review/31/5/2.
6 Lee Strobel, *Wunder – was ist wirklich dran? Ein Journalist sucht Beweise für das Übernatürliche* (Asslar: Gerth Medien 2019), S. 146.

7 Strobel, a. a. O.
8 Strobel, a. a. O., S. 151.
9 Strobel, a. a. O., S. 158.
10 Die einzige Ausnahme bildet die Heilung von Saulus durch Hananias (Apostelgeschichte 9,8–18).
11 C. H. Spurgeon, *The Metropolitan Tabernacle Pulpit: Sermons Preached and Revised in 1884* (London: Banner of Truth Trust, 1971), S. 30:489.

Kapitel 8

1 Frederick Dale Bruner, *The Gospel of John: A Commentary* (Grand Rapids, MI: Eerdmans, 2012), S. 664.
2 Bruner, a. a. O., S. 681.

Kapitel 9

3 Erzählt mit freundlicher Erlaubnis von Kayla Montgomery.

Kapitel 10

1 Manche Bibelausgaben sprechen von 45, andere von 30 oder 35 Kilo.
2 William Barclay, *The Gospel of John*, überarb. Fassung (Philadelphia: Westminster Press, 1975), S. 2263.
3 Gary M. Burge, John, *The NIV Application Commentary* (Grand Rapids, MI: Zondervan, 2000), S. 554.
4 Edward W. Goodrick and John R. Kohlenberger III, *The NIV Exhaustive Concordance* (Grand Rapids, MI: Zondervan, 1990), S. 127–128.
5 „Die Grabtücher waren nicht verschoben oder durcheinandergebracht. Sie lagen noch völlig geordnet da." In: Barclay, *Gospel of John*, S. 2267.
6 Arthur W. Pink, *Exposition of the Gospel of John* (Grand Rapids, MI: Zondervan, 1945), S. 1.1077.
7 Burge, *John*, S. 554.
8 John Stott schreibt, der Körper Jesu sei „verdampft und in etwas Neues, anderes, Wunderbares verwandelt worden." John Stott, *Basic Christianity* (Downers Grove, IL: InterVarsity, 1959), S. 53.

Kapitel 11

1 Ross King, *Leonardo and the Last Supper* (New York: Bloomsbury, 2012), S. 271–273.

Kapitel 12

1 Nacherzählt mit freundlicher Genehmigung.
2 Nacherzählt mit freundlicher Genehmigung.
3 Mark Bouman, *The Tank Man's Son: A Memoir* (Carol Stream, IL: Tyndale, 2015), S. 316–318, 333–334.

FSC www.fsc.org
MIX
Papier aus verantwortungsvollen Quellen
FSC® C014496

1. Auflage 2022
Bestell-Nr. 817902
ISBN 978-3-95734-902-6

Umschlaggestaltung: Olaf Johannson · spoondesign.de
Umschlagfoto Verlagsausgabe: lindsay_imagery/istock
Umschlagfoto Clubausgabe: Jacob Lund/Shutterstock
Satz: Greiner & Reichel, Köln
Druck und Verarbeitung: GGP Media GmbH, Pößneck
Printed in Germany

www.gerth.de